高等院校医学实验教学系列教材

流行病学实习

主　编　姚应水　高晓虹

副主编　王金桃　倪进东　沈　冲　张　玲

编　委（按姓氏笔画排序）

丁　玲（山西医科大学）　于海兵（广东医科大学）

卫平民（东南大学）　王金桃（山西医科大学）

文育锋（皖南医学院）　孔丹莉（广东医科大学）

白华民（包头医学院）　白群华（重庆医科大学）

庄　勋（南通大学）　刘　芬（首都医科大学）

李海玲（内蒙古医科大学）　余结根（皖南医学院）

沈　冲（南京医科大学）　张　玲（首都医科大学）

张　莹（沈阳医学院）　张莉娜（宁波大学）

金岳龙（皖南医学院）　钟朝晖（重庆医科大学）

姚应水（皖南医学院）　袁　慧（皖南医学院）

倪进东（广东医科大学）　高玉敏（内蒙古医科大学）

高晓虹（大连医科大学）　郭立燕（济宁医学院）

彭　辉（皖南医学院）

科学出版社

北　京

内 容 简 介

本书为《流行病学》（案例版，第2版）配套的教学参考书，全书共设18个实习内容，每个实习内容按照统一的模式进行编写。可满足三个层次的学习要求：教育部制定的本科教学大纲的要求；公共卫生执业医师考试的要求；硕士研究生入学考试的要求。本书编写的主要原则是突出“三基”，注重理论联系实际、着重培养学生独立思考能力和知识创新能力、与理论课教材相匹配等。书中除少量必须掌握的基本指标外，大多数以典型的流行病学研究实例为课题进行讨论分析，让学生掌握流行病学的思维方式。

本书适用对象以5年制医学本科生为主，其中预防医学专业和卫生管理专业为重点对象，同时适用于临床医学、基础医学、口腔医学、麻醉学、影像医学、法医学、药学、医学检验、卫生检验与检疫等本科专业以及非预防医学、非卫生管理专业研究生使用。

图书在版编目（CIP）数据

流行病学实习 / 姚应水，高晓虹主编. —北京：科学出版社，2018.2
ISBN 978-7-03-056419-1

Ⅰ. ①流… Ⅱ. ①姚… ②高… Ⅲ. ①流行病学－医学院校－教材
Ⅳ. ①R18

中国版本图书馆CIP数据核字(2018)第016300号

责任编辑：胡治国 / 责任校对：郭瑞芝
责任印制：赵 博 / 封面设计：陈 敬

科学出版社出版
北京东黄城根北街16号
邮政编码：100717
http://www.sciencep.com
固安县铭成印刷有限公司印刷
科学出版社发行 各地新华书店经销
*
2018年2月第 一 版 开本：787×1092 1/16
2025年1月第五次印刷 印张：6
字数：158 000

定价：29.80元

（如有印装质量问题，我社负责调换）

目　　录

实习 1　疾病频率测量

【目的】　掌握流行病学研究中疾病频率测量的常用指标概念、应用条件和具体计算方法。

【学时】　3 学时。

【内容】　描述疾病在人群、地区和时间分布的特征是流行病学研究工作的起点。其方法是将流行病学调查的资料和其他常规资料按不同人群、不同地区和不同时间分别进行测量、比较，发现差异，为进一步深入研究提供线索。本实习对流行病学常用的疾病频率指标进行介绍，以期准确应用、正确测量，为寻找和鉴别病因、监测疾病、评价措施效果提供依据。

【课题 1】　某单位有 1000 人，在 2010 年、2011 年、2012 年三年中共有某病 20 例，在此 1000 人中有 5 人是 2010 年年初发病的，病后可获得持久免疫力。三年中某病的发病情况如图 1-1 所示。

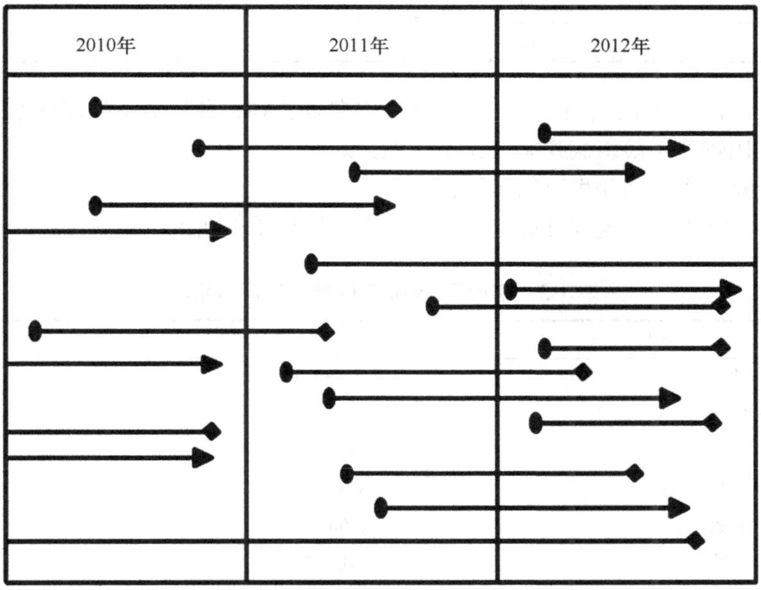

图 1-1　某人群某病 2010～2012 年发病情况

●——发病；——▶痊愈；——◆死亡

问题 1.1　根据图 1-1 的疾病资料，请计算：每年的发病率、期间患病率、年初时点患病率，并填入表 1-1 中。

问题 1.2　患病率与发病率在其分子、分母上有何区别？并述其在流行病学研究中的意义。

问题 1.3　此例为何不能用罹患率而用发病率？

问题 1.4　影响患病率升高或下降的因素有哪些？

表 1-1　三年中每年的发病率、期间患病率及年初时点患病率

年份	发病率（%）	期间患病率（%）	年初时点患病率（%）
2010			
2011			
2012			

【课题 2】 广东省是最早报告传染性非典型肺炎（SARS）病例的地区，自 2003 年 1 月首次报告 SARS 病例后，至 5 月 30 日止，共报告 SARS 病例 1511 例，死亡 57 例，各年龄组发病及死亡情况列于表 1-2。

表 1-2 SARS 各年龄组发病及死亡情况

年龄组（岁）	发病数	死亡数	病死率（%）
0～	50	1	
10～	98	1	
20～	418	3	
30～	350	8	
40～	225	11	
50～	149	10	
60～	111	11	
70～	89	12	
不详	21	0	
合计	1511	57	

问题 2.1 请计算 2003 年 1 月至 5 月 30 日广东省 SARS 各年龄组的病死率及总病死率。

问题 2.2 比较各年龄组病死率并说明其意义。

问题 2.3 死亡率与病死率有何区别?

【课题 3】 1976 年某地为开展结核病防治工作进行了一次流行病学调查，结果见表 1-3。

表 1-3 某地区 1976 年的结核病调查资料

项目	人数
1976 年 7 月 1 日该地区人口数	208 500 000
1 月 1 日登记活动性结核病例	45 000
1976 年复发病例	3600
1976 年新发现活动性结核病例	35 000
1976 年结核病死亡人数	4500
1976 年受检的接触者数	141 157
家庭内	51 335
非家庭内	89 822
1976 年受检接触者中连续发病例数	1210
家庭内	867
非家庭内	343

计算下列各项指标。

问题 3.1 1976 年结核病发病率。

问题 3.2 1976 年 1 月 1 日活动性结核病的时点患病率。

问题 3.3 1976 年活动性结核病患病率。

问题 3.4 1976 年结核病死亡率。

问题 3.5 家庭内与非家庭内续发率。

【课题 4】 请计算表 1-4 中各年龄组的 PYLL，并说明其意义。

表 1-4　某地 2010 年因结核病造成的生命损失*

年龄组（岁）	男性		女性		总 PYLL
	死亡数	PYLL	死亡数	PYLL	
40～	10		12		
50～	32		28		
60～	68		65		
70～	118		98		
合计	228		203		

注：*期望寿命为 70 岁

【课题 5】 某人进行口服避孕药（oral contraceptive，OC）与细菌尿的队列研究，选择 5800 名 15～50 岁细菌尿的妇女，其中口服 OC 者 940 名，于 2008 年进行追踪观察。结果于 2009 年发现，口服 OC 的妇女中，发生细菌尿 52 人；未服用 OC 的妇女中，发生细菌尿 143 人。

问题 5.1 试计算服用 OC 妇女与未服用 OC 妇女三年间细菌尿的累积发病率。

问题 5.2 累积发病率与发病密度有何区别？

【课题 6】 某人进行绝经后妇女使用雌激素与发生冠状动脉粥样硬化性心脏病（简称冠心病，CHD）危险的队列研究，随访了 32 317 名绝经后妇女，资料见表 1-5。

表 1-5　绝经后妇女使用雌激素与发生冠心病危险的队列研究

绝经后雌激素使用情况	冠心病病例数	观察人数年	发病密度
是	30	54 308.7	
否	60	51 477.5	
合计	90	105 786.2	

问题 6.1 试计算参加此项研究的人群中冠心病的发病密度是多少？

问题 6.2 绝经后妇女使用雌激素与冠心病有无关联？

【课题 7】 1967 年智利和美国的心脏病粗死亡率和年龄标化死亡率如表 1-6。

表 1-6　智利和美国心脏病死亡率（1/10 万）

国家	粗死亡率	年龄标化死亡率
智利	67.4	58.2
美国	316.3	131.4

问题 7.1 哪一种指标更适合用来比较两国的心脏病死亡情况？为什么？

问题 7.2 进行率的比较时，我们常采用率的标化的方法，但一般在什么情况下有必要对年龄等因素进行调整或标化？

（姚应水　金岳龙）

实习2　疾 病 分 布

【目的】　掌握描述疾病按时间、地区及人群分布的基本内容、方法和流行病学意义。

【学时】　3学时。

【内容】　疾病分布是指疾病在不同时间、地区和人群中的存在方式及其发生、发展的规律，是疾病发生的数量或频率的特征，是将流行病学调查的资料或其他常规资料按不同时间、地点、人群进行分组，并通过计算相关疾病发生和死亡等测量指标来分析比较疾病在不同地区、不同时间、不同人群的分布现象的方法，又称疾病的三间分布。疾病分布是描述流行病学的基本内容，也是进行流行病学研究的起点和基础。研究疾病分布是研究疾病的流行规律和探索疾病病因的基础，通过对疾病分布的描述，有助于认识疾病的群体现象、分布规律及其影响因素，从而帮助临床诊断和治疗决策的制订；可帮助我们认识疾病流行的基本特征，为进一步探索疾病病因提供线索；有助于政府确定卫生服务的重点，为合理地制订疾病的防治、保健策略及措施提供科学依据。

【课题1】　细菌性痢疾是广西壮族自治区最为常见的肠道传染病，也是我国法定管理的乙类传染病。在广西壮族自治区甲乙类传染病中，细菌性痢疾的发病率一直居于前3位。广西壮族自治区1998～2007年细菌性痢疾的季节分布及构成如图2-1。

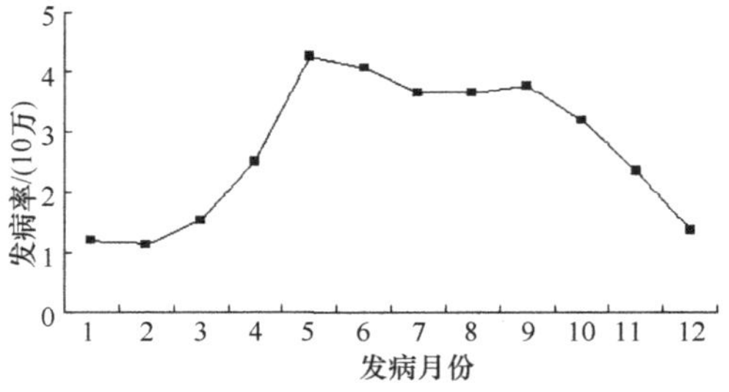

图2-1　1998～2007年广西壮族自治区细菌性痢疾月发病率

问题1.1　广西壮族自治区细菌性痢疾不同月份发病情况变化趋势如何？

问题1.2　发病分布呈何种季节性特点？

问题1.3　试解释细菌性痢疾发病高峰的可能原因。

【课题2】　流行性乙型脑炎（简称乙脑）是由乙脑病毒引起的以中枢神经系统病变为主的急性虫媒传染病。病毒主要侵犯大脑，发病急且病死率高。安仁县为湖南省乙脑发病率较高的地区，其1972～2003年乙脑的季节分布流行情况如表2-1。

表2-1　湖南省安仁县32年乙脑的月份分布

月份	1	2	3	4	5	6	7	8	9	10	11	12	合计
病例数	0	0	0	0	1	51	462	242	77	7	1	0	841
构成比（%）	0	0	0	0	0.14	6.06	54.93	28.78	9.12	0.83	0.14	0.00	100

问题2.1　湖南省安仁县乙脑的季节分布有何特点？

问题2.2　试分析乙脑呈现季节性分布的主要原因。

【课题3】　图2-2为山西省根据12个监测点10年的法定报告传染病监测的基础资料获得

的麻疹发病率情况。

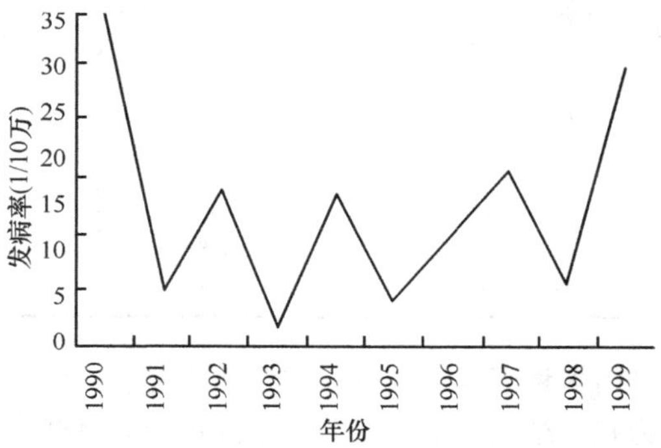

图 2-2 1990～1999 年山西省疾病监测系统麻疹报告发病率

问题 3.1 请分析山西省麻疹发生的周期性分布特点。

问题 3.2 疾病发生周期性的可能原因有哪些？

【课题 4】 福州市 6 所监测医院 1996～2004 年出生或引产的妊娠 28 周至产后 7 日的围生儿的主要重大出生缺陷发生率及线性趋势 χ^2 检验资料如表 2-2。

表 2-2 1996～2004 年主要重大出生缺陷发生率及线性卡方检验资料

年份	出生数	先天性脑积水		多指（趾）		先天性心脏病	
		缺陷数	发生率（%）	缺陷数	发生率（%）	缺陷数	发生率（%）
1996	8904	7	7.86	7	7.86	3	3.37
1997	9009	7	7.77	1	1.11	2	2.22
1998	9689	3	3.10	7	7.22	2	2.06
1999	8198	8	9.76	3	3.66	11	13.40
2000	11 685	6	5.13	4	3.42	5	4.28
2001	44 072	8	7.23	6	5.42	4	3.61
2002	11 412	7	6.13	14	12.30	2	1.75
2003	11 298	22	19.47	15	13.30	12	10.60
2004	15 424	25	16.21	17	11.00	27	17.50
χ^2			12.00		8.21		18.01
P			0.001		0.004		0.00

问题 4.1 从表 2-2 提供的数据资料分析 1996～2004 年福州市主要重大出生缺陷发生率的长期趋势。

问题 4.2 影响这种趋势的可能原因有哪些？

【课题 5】 1979 年全国流行病学调查结果表明，我国活动性肺结核患病率平均为 717/10 万。最高为新疆维吾尔自治区，最低为上海市（表 2-3）。

表 2-3 我国 29 个省、直辖市、自治区活动性肺结核患病率（1/10 万）

名称	标化患病率	名称	标化患病率	名称	标化患病率
新疆维吾尔自治区	1608	湖南省	776	山西省	472
西藏自治区	1202	河南省	773	山东省	455
黑龙江省	1051	湖北省	666	贵州省	413

续表

名称	标化患病率	名称	标化患病率	名称	标化患病率
宁夏回族自治区	1003	吉林省	662	河北省	411
安徽省	970	青海省	647	北京市	409
福建省	914	辽宁省	608	内蒙古自治区	404
江西省	840	浙江省	593	云南省	364
广东省	829	陕西省	563	天津市	300
四川省	813	广西壮族自治区	555	上海市	255
江苏省	797	甘肃省	524		

问题 肺结核的发病是由多种因素造成的，如营养状况、文化卫生水平、居住密度、生活习惯、医疗保障等。你认为我国结核病地区分布的不同可能与哪些因素有关？

【课题 6】 表 2-4 是根据北京市肿瘤防治研究所于 1995 年 6 月～1998 年 6 月对北京市参加乳腺癌普查妇女的年龄分布情况进行统计，并与同期门诊患者及乳腺癌患者的年龄分布情况比较分析所得到的资料。

表 2-4 三组人群年龄分布情况

年龄组（岁）	乳腺癌		门诊病例		被普查人群	
	例数	百分比（%）	例数	百分比（%）	例数	百分比（%）
≤25	0	0	54	4.38	1276	5.66
26～30	4	3.39	92	7.47	2260	10.03
31～35	4	3.39	164	13.31	3420	15.17
36～40	14	11.86	207	16.80	3732	16.56
41～45	23	19.50	245	19.89	4564	20.25
46～50	22	18.64	193	15.67	2524	11.20
51～55	16	13.56	107	8.69	1764	7.83
56～60	20	16.95	88	7.14	1696	7.53
61～65	7	5.93	42	3.40	828	3.68
≥66	8	6.78	40	3.25	472	2.09
合计	118	100	1232	100	22536	100

问题 6.1 试分析北京市乳腺癌的年龄分布特征。

问题 6.2 乳腺癌年龄分布差异的可能影响因素有哪些？

【课题 7】 风疹是由风疹病毒引起的急性呼吸道传染病，冬春季为发病高峰，通常为 6～9 年流行一次。表 2-5 是对上海市 1990～2006 年风疹的流行病学特征进行的分析。1993 年为风疹发病高峰年。1995 年在上海市开始大规模使用风疹疫苗。

表 2-5 上海市历年各年龄组风疹发病率和构成比

年龄组（岁）	1990～1994 年*	1993 年	1995～2006 年
0～	9.31（16.36）	786.37（8.34）	4.56（21.00）
5～	20.93（41.85）	2428.38（35.23）	3.18（24.11）
10～	17.83（29.36）	2753.94（39.85）	1.39（13.96）
15～	5.27（8.27）	1057.45（12.16）	0.91（9.31）
20～	0.95（1.97）	159.29（2.27）	0.86（8.35）
25～	0.25（0.69）	48.43（0.85）	1.12（11.22）
30～	0.17（0.58）	33.13（0.74）	0.56（6.92）
35～	0.21（0.69）	12.63（0.35）	0.18（2.98）

续表

年龄组（岁）	1990～1994年*	1993年	1995～2006年
40～	0.03（0.06）	6.22（0.12）	0.03（0.60）
45～	0.08（0.12）	3.27（0.04）	0.04（0.60）
50～	0.01（0.06）	1.15（0.05）	0.02（0.95）
合计	3.37（100.00）	451.57（100.00）	0.64（100.00）

注：括号外数据为风疹发病率（/10万），括号内数据为构成比（%）

*不包括1993年

问题7.1 分析不同时期上海市风疹的年龄分布特征及可能原因。

问题7.2 广泛接种风疹疫苗对该市风疹年龄分布有何影响？

【课题8】 美国华盛顿地区15种主要死因的性别比例见表2-6。

表2-6 15种主要死因的性别比例（男性死亡率/女性死亡率）

死因	性别比例	死因	性别比例
全部死因	1.80	肾炎、肾病综合征和肾病	1.58
触犯法律者	3.88	恶性肿瘤	1.51
慢性阻塞性肺疾病	3.13	毒血症	1.40
自杀	3.05	血管硬化症	1.29
意外及灾难	2.96	围生期死亡	1.26
慢性肝病及肝硬化	2.19	脑血管病	1.19
心脏病	2.01	先天性畸形	1.15
肺炎及流感	1.86	糖尿病	1.04

问题8.1 不同种类疾病死亡率性别比例呈现什么样的特点？

问题8.2 试分析不同种类疾病死亡率性别差异的可能原因是什么？

【课题9】 1991年全国调查显示，彝族高血压患病率为全国最低。因此，中国医学科学院基础医学研究所以彝族人群为研究对象，于2007～2008年进行移民流行病学研究，目的是为了了解凉山地区彝族原发性高血压患病情况。

共调查彝族农民1628人，其中男性729人，女性899人；彝族移民1338人，其中男性781人，女性557人。彝族农民原发性高血压患病率为3.19%，其中男性4.73%，女性1.92%。彝族移民原发性高血压患病率为15.10%，其中男性19.08%，女性9.52%。随年龄增加，患病率基本呈上升趋势。具体情况见表2-7。

表2-7 彝族农民和彝族移民原发性高血压患病率情况

	男性	女性	合计
彝族农民	729（4.73）	899（1.92）	1628（3.19）
彝族移民	781（19.08）	557（9.52）	1338（15.10）

注：括号外为原发性高血压患病人数，括号内为患病率（%）

问题9.1 移民流行病学是怎样评价环境因素和遗传因素对疾病发生的作用的？

问题9.2 从上述资料中你能得到哪些有关彝族原发性高血压病因学方面的启示？

问题9.3 在上述研究资料的基础上，还可以做哪些更深入的研究？

（郭立燕）

实习3　现 况 调 查

【目的】　了解现况调查（prevalence study）的特点和应用，掌握抽样调查的基本原理、设计、实施和资料分析，以及调查表的设计和应用。

【学时】　3学时。

【内容】　现况调查又称横断面调查（cross-sectional study），是流行病学研究中一种基础性研究方法。它是按照事先设计的要求在某一特定时间内对某特定人群采用普查（census）或抽样调查（sampling survey）的方法收集和描述人群的特征和疾病、健康状况的分布，以观察疾病分布与人群的某些因素之间的关联。

【课题1】　某省代谢综合征（metabolic syndrome，MS）流行特征的现况调查

1.1　研究背景　MS是以中心性肥胖和胰岛素抵抗为中心环节，以高血压、高甘油三酯血症、糖耐量下降或2型糖尿病为主要临床表现的一组代谢紊乱性综合征。大量研究显示MS及其组分（如肥胖、高血压、血糖及血脂异常）是发生心血管疾病（cardiovascular diseases，CVD）及2型糖尿病的主要危险因素。MS人群2型糖尿病患病率是正常人的4倍，心血管疾病的患病率是正常人的2倍，致死率也大为增加。随着经济水平的提高、人群生活方式包括膳食结构的改变，我国人群MS的患病率呈逐年上升的趋势，MS已成为危害我国人群健康的重要公共卫生问题之一，针对MS的危险因素采取防控措施，是降低MS患病的重要手段。鉴于我国幅员辽阔，南北方气候不同、经济水平不同、居民的生活饮食习惯和体力劳动强度也不相同，MS具有明显的异质性。因此，2002年8～12月开展了本次研究，旨在了解本地区人群MS的分布情况及其影响因素，为制订有针对性的MS防控措施提供科学依据。

问题1.1　这是一种什么性质的流行病学研究？是描述性的还是分析性的？本次调查的目的是什么？

问题1.2　该研究有何特点？应用范围有哪些？

1.2　调查设计

1.2.1　调查对象与调查方法　以某省15岁以上人群作为研究对象，采用多阶段分层整群抽样方法。按照经济社会发展水平把本省分为大城市、中小城市、普通农村和贫困农村4层。再按等容量比例在不同层随机抽取市（县、区），再按等概率原则在每个样本市（县、区）随机抽取2个乡镇/街道、6个村/居委会及180户家庭，对户内所有15岁以上人群进行调查。

问题1.3　抽样调查的基本原理是什么？如何保证样本具有足够的代表性？

问题1.4　抽样调查的方法有几种？各有何优缺点？

问题1.5　为什么本次研究采用分层整群抽样方法？

问题1.6　决定抽样调查样本大小的因素有哪些？

1.2.2　调查内容及诊断标准　调查过程主要包括询问调查、体格检查和实验室检测3个部分。

1.2.2.1　MS的诊断标准　根据国际糖尿病联盟2005年MS定义：以中心性肥胖（腰围：男性≥90cm，女性≥80cm）为基本条件，合并以下4项指标中任意2项者：①高甘油三酯　甘油三脂（TG）≥1.7mmol/L或已接受相应治疗；②低高密度脂蛋白胆固醇（HDL-C）男性＜1.03mmol/L，女性＜1.29mmol/L或已接受相应治疗；③高血压　收缩压（SBP）≥130mmHg和（或）舒张压（DBP）≥85mmHg，或已确诊为高血压并接受治疗；④高血糖　空腹血糖（FPG）＞5.6mmol/L。

1.2.2.2 询问调查 询问调查包括监测点基本信息收集和家庭询问调查两部分。

（1）监测点基本信息调查：收集内容包括本区/县所辖区内人口、经济、社会及医疗卫生保健等方面的基本信息。由调查员走访当地统计、卫生等部门进行询问和记录。

（2）家庭询问调查问卷：根据研究目的和查阅相关文献自行设计调查问卷，经预调查修改完善后形成正式调查表，由培训合格的调查员入户面对面询问调查，遵循知情同意原则，调查对象在调查前自愿签订知情同意书。调查内容主要包括家庭基本情况、个人一般情况（如年龄、职业、文化程度、婚姻状况及经济收入、行为生活方式等）和个人健康情况（如既往患病情况和家族史等）。

问题 1.7 为什么要进行预调查？调查前为什么要调查对象签知情同意书？

问题 1.8 现况调查的内容如何确定？调查项目如何选择？

问题 1.9 有哪些方法可以提高调查对象的依从性？

1.2.2.3 体格检查和实验室检测 按照标准方法，由经过相关专业培训的调查人员，测量调查对象的身高、体重、血压、腰围和臀围，均重复 3 次，取其平均值。调查对象空腹 6～12h 以上，坐势，采集清晨空腹静脉血 5ml，采用全自动生物化学分析仪测定空腹血糖、甘油三酯、总胆固醇（TC）、高密度脂蛋白胆固醇、低密度脂蛋白胆固醇（LDL-C）。

问题 1.10 在进行体格检查和实验室检测时，可能遇到哪些影响调查质量的因素？应如何控制？

1.2.3 质量控制 调查员培训：所有调查员经过全省统一培训，达到统一方法、统一标准、统一操作规程，通过理论和操作考试合格后方可参加调查，调查现场进行质量督导和质控复核。

检测质控：体格检查使用统一发放的测量工具，检查前统一校准仪器。血糖和血脂检测中每 30 个样本做一套质控样品，包括标准样、平行样、盲样等，绘制质量控制图。

问题 1.11 现场调查和实验室检测为什么要进行质量控制？

1.3 统计分析方法 采用 Epi Data3.1 软件建立数据库，由专业人员双录入资料，运用 SPSS13.0 软件进行统计分析。采用均数或患病率进行统计描述，采用 t/z 检验或 χ^2 检验进行统计推断，以 2000 年全国人口普查数据为标准人口进行率的标化。

问题 1.12 目前常用的数据录入软件有哪些？常用的数据分析软件有哪些？

问题 1.13 数据录入过程中可能出现哪些偏倚？如何控制？

1.4 结果分析

1.4.1 全省 MS 患病的一般情况 共调查了 13 个市（县、区）2340 户家庭 5580 名 15 岁以上调查对象，获得有效样本 5133 例，应答率为 92.0%。样本人群中男性 2414 人，女性 2719 人；城市 2464 人，农村 2669 人。其中 MS 患病人数 371 例，粗患病率为 7.23%，标化率为 5.67%。

问题 1.14 上述 MS 粗患病率是如何计算得到的？

问题 1.15 按全国人口构成计算标化率的意义何在？

问题 1.16 现况调查中能计算发病率吗？

1.4.2 MS 的分布特征 男性与女性 MS 标化患病率分别为 4.40%和 7.00%，女性高于男性（χ^2=29.71，P＜0.001）。城市、农村的 MS 标化患病率分别为 7.91%和 3.85%，城市高于农村（χ^2=50.56，P＜0.001），进一步按经济发展水平分层，大城市标化率为 8.07%，高于中小城市 7.07%、普通农村 4.12%和贫困农村 4.06%，差异有统计学意义（χ^2=53.68，P＜0.001）。不同年龄组的 MS 标化患病率随着年龄的增加而增高（χ^2=172.26，P＜0.001）。具体结果见表 3-1。

表 3-1 某省 15 岁以上人群 MS 患病率

年龄组（岁）	城市（%）	农村（%）	男性（%）	女性（%）	合计（%）
15～	0.80	0.31	0.64	0.39	0.53
25～	2.95	2.71	3.85	1.65	2.56
35～	6.04	3.87	4.84	4.79	4.81
45～	11.65	7.21	6.88	11.28	9.21
55～	16.02	8.45	4.64	19.35	12.27
65～	21.52	6.14	8.96	21.79	15.05
合计（%）	9.90	4.76	5.14	9.08	7.23
标化率（%）	7.91	3.85	4.40	7.00	5.67

问题 1.17 什么是疾病的三间分布？从以上的结果我们可以得到哪些线索？

问题 1.18 采用χ^2检验能否得出不同年龄组的 MS 标化患病率随着年龄的增加而增高的结果？

问题 1.19 完成表 3-2 的计算，并对结果进行合理的解释。

表 3-2 某省 15 岁以上不同文化程度人群的 MS 患病率（%）

文化程度	城市			农村		
	患病人数/调查人数	患病率（%）	χ^2值（P值）	患病人数/调查人数	患病率（%）	χ^2值（P值）
小学及以下	100/596	16.78	45.24	58/1196	4.85	7.78
初中	60/667	9.00	（<0.001）	34/947	3.59	（>0.05）
高中	54/783	6.90		27/413	6.54	
大专	17/288	5.90		6/85	7.06	
大学及以上	13/124	10.48		2/21	9.52	

【课题 2】 调查表的设计

调查表，又称调查问卷（questionnaire），是流行病学研究收集资料的最主要工具。它是调查者根据特定的调查目的和要求，按照一定的理论假设设计出来的，由一系列问题、调查项目、备选答案及说明所组成的“答卷”。调查表如何设计取决于研究目的和分析手段的需要，关键在于保证所获信息的准确性和可靠性。

2.1 调查表的类型

（1）信访调查表：通过邮寄或直接送达被调查对象，由被调查对象自行填写的一种问卷。

（2）电话访问调查表：采用电话询问调查内容从而获得信息的一种方法。

（3）面访调查表：通过调查员对被调查对象采用面对面方式进行询问以获得研究信息。

（4）网上访问式调查表：在互联网上制作，并通过互联网来进行调查的问卷类型。

2.2 问题设计的形式

（1）开放式：只提问题成要求，不给具体答案，要求被调查对象根据自身实际情况自由作答，调查者不作任何限制。年龄、职业、收入等变量可以采用这种形式。例如，年龄____岁；职业____；家庭经济收入（月）____元。也可以用于调查受访者的一些主观想法或意见等。

（2）封闭式：在设计问题的同时，将所有可能的答案列在后面供被调查者从中选择，包括单选题和多选题。例如，性别（男□　女□）；既往糖尿病病史（1=有，2=无）；目前患病情况（可多选）（无□　高血压□　糖尿病□　高血脂□　脂肪肝□　冠心病□　痛风□　肾脏疾病□　其他疾病____________）。

（3）混合式：在一张调查表上同时包括开放式和封闭式问题，绝大部分调查表为混合式。

2.3 调查表的内容和结构

调查表的内容和项目选定主要取决于调查目的和分析手段的需要。

（1）调查表的名称、编号：如“代谢综合征流行病学调查表”。

（2）一般项目：如姓名、性别、出生日期、民族、民族、文化程度、职业和经济收入等。

（3）研究项目：即研究变量，包括疾病史、家族遗传史、吸烟史、饮酒史、饮食习惯、体格检查和实验室检查等项目。

（4）结尾部分：包括调查员签名、调查日期、调查所需时间、验收人签名、验收时间等。

2.4 调查表编写的一些原则

（1）在项目选择上，需要的项目一个不少，暂不需要的项目要酌情选用。

（2）语言要准确、简练、通俗易懂、易于回答。

（3）项目选项的设计必须有严密的逻辑性。

（4）尽量使用客观、定量的指标。

2.5 调查表使用的一些注意事项

（1）调查表的使用必须伴有使用手册（manual）或操作指南（protocol），并严格按其中的规定和要求严格执行。

（2）必须对调查员进行统一的培训和考核。

（3）填写的字迹工整、清楚，不能缺项。

（4）调查员要签名，并注明调查日期。

2.6 调查表设计示例

问题 2.1 下列调查表在每个项目的设计上存在哪些问题？如何修改？

问题 2.2 试根据该调查表编写一份操作指南（或使用手册）。

问题 2.3 根据制订要求，试设计一份调查表。

代谢综合征流行病学调查表（部分）

编号□□□□□□

一、基本信息

1. 年龄：_______岁

2. 您的性别：男□ 女□

3. 婚姻状况：未婚□ 已婚□ 离异□ 丧偶□

4. 文化程度：小学□ 中学□ 专或本科□

5. 家庭月均收入：3000 元以下□ 3001～5999 元□ 6000～8999 元□ 9000 元以上□

二、健康状况

1. 自我感觉身体：健康□ 一般□ 较差□

2. 目前患病情况（可多选）：高血压□ 糖尿病□ 高血脂□ 脂肪肝□ 冠心病□ 痛风□

肾脏疾病□ 无□

家族遗传史（可多选）

疾病名称	祖父母	父母	叔舅姑姨	兄弟姐妹
高血压	□	□	□	□
糖尿病	□	□	□	□
高血脂	□	□	□	□

续表

疾病名称	祖父母	父母	叔舅姑姨	兄弟姐妹
冠心病	□	□	□	□
痛风	□	□	□	□
肾脏疾病	□	□	□	□
其他	□	□	□	□

三、个人行为生活习惯（根据您近一周的个人情况在符合项打勾）

1. 您是否吸烟？吸□　不吸□
2. 您是否喜欢运动？不喜欢□　一般□　喜欢□
3. 您是否喜欢吃肥肉？不喜欢□　一般□　喜欢□
4. 您的口味？ 清淡□　一般□　咸□

四、体格检查

1. 身高_________m　体重_______kg　体质指数（BMI）_________
2. 腰围（WC）________cm　臀围（HP）_________cm　腰臀比（WHR）_________
3. 收缩压（SBP）_________mmHg　舒张压（DBP）_________mmHg

（卫平民　袁　慧）

实习4 队列研究

【目的】 掌握队列研究的基本原理及资料分析方法。

【学时】 3学时。

【内容】 队列研究属于分析流行病学研究，是病因研究的重要方法之一。通过比较分析某因素在暴露组与非暴露组人群中疾病等结局事件的发生情况及其差异，从而判断暴露因素与结局事件之间有无因果关联及关联强度。队列研究在阐明疾病病因、预测疾病发生和流行趋势及寻找有效干预措施等方面具有重要科学的意义及应用价值，是重要的流行病学研究方法之一。

【课题1】 20世纪初，世界上许多国家肺癌的发病率和死亡率均有增长，20世纪30～60年代各地学者进行了大量的流行病学研究，发现吸烟与肺癌之间存在一定联系。为了明确吸烟与肺癌的关系，许多学者进行了一系列研究，其中，Doll与Hill在英国先后进行了病例对照研究和队列研究，证明了吸烟为肺癌发生的病因，成为分析流行病学研究的经典范例。1947年Doll与Hill首先进行了病例对照研究，主要是对比肺癌患者和其他患者（包括其他癌症和非癌症的患者）的吸烟习惯，结果发现肺癌与吸烟存在着联系，并存在剂量反应关系。为了获得更有力的证据，他们随之进行了吸烟与肺癌的队列研究，以英国所有注册登记的医生为研究对象，结果发现肺癌和吸烟有关。队列研究大大加强了吸烟可引起肺癌这一理论的论证强度。之后，Doll和Hill又继续随访了戒烟医生，发现肺癌死亡率随戒烟年限的延长而逐年下降，从而确定了吸烟与肺癌的关系。

问题1.1 在什么情况下进行队列研究？

问题1.2 队列研究的基本步骤包括哪些？

从1951年10月31日开始，Doll和Hill采用函访的方式给英国联合王国医师协会的医生发信，请他们填写简单的调查表，除要求填写姓名、年龄、性别、住址等一般情况之外，还问他们属于下列三组中的哪一组：①在调查当时吸烟（指规则吸烟，即每日至少吸一支烟或与一支烟等量的烟丝，持续一年及其以上）；②曾经吸过烟，但已戒烟；③从未规则地吸过烟。

对所有的吸烟者还需进一步回答开始吸烟年龄，以及调查当地的吸烟量和吸烟种类。对已戒烟者除进一步回答上述问题外，还要求回答最后戒烟时间。共发出调查表59 600份，得到答复的共41 024份，其中填写完好的调查表40 637份，包括男医生34 445份，女医生6192份。

问题1.3 队列研究中研究因素如何确定？暴露因素如何规定？

问题1.4 研究对象如何分组？

问题1.5 选择何种结局指标进行组间比较？

【课题2】 为证实长期低剂量二硫化碳（CS_2）职业暴露与精神病、中枢神经系统疾患及多发性神经炎、冠心病等疾病的关系，某研究者于2010年开始进行有关长期CS_2暴露的职业危害研究。从2003年建立的一个粘纤厂中选择25～64岁，至少有5年CS_2暴露史的所有男性工人作为暴露组，以该地普通男性人群为对照组。调查不同疾病的发病情况，结果见表4-1。

表4-1 二硫化碳（CS_2）职业中毒与冠心病、中枢神经系统疾患、精神病多发性神经炎发病的关系

组别	调查人数	观察人年	发病人数			
			冠心病	中枢神经系统疾患	精神病	多发性神经炎
暴露组	4543	39 430.05	72	21	7	6
非暴露组	5626	48 236.48	60	12	1	9
合计	10 169	87 666.53	132	33	8	15

问题 2.1 上述研究属于何种类型的流行病学研究？

问题 2.2 本研究中采用何种指标以反映疾病的发病情况？

问题 2.3 本研究与病例对照研究有何区别和联系？

【课题 3】 在进行妇女使用口服避孕药与心肌梗死关系的研究中，随访 32 317 名妇女，资料见表 4-2。

表 4-2 妇女使用口服避孕药与心肌梗死关系的研究

绝经后激素使用情况	冠心病例	人年
是	30	54 308.7
否	60	51 477.5
合计	90	105786.2

问题 3.1 用什么指标反映参加此项研究的人群中心肌梗死的发病情况？并计算。

问题 3.2 用什么指标反映口服避孕药与心肌梗死的关系？并计算。

【课题 4】 某项关于吸烟与肺癌和心血管疾病的队列研究的资料，见表 4-3。

表 4-3 吸烟与肺癌和心血管疾病的关系分析

疾病	死亡率（1/10 万）		χ^2	RR	RR95%CI	AR（1/10 万）	AR%
	吸烟组	非吸烟组					
心血管疾病	127.47	94.40	4.93*				
肺癌	52.06	13.42	22.81**				

注：$^*P<0.05$，$^{**}P<0.01$

问题 4.1 请计算反映该研究人群暴露与肺癌和心血管疾病发病关联强度的 RR、AR、AR%，并对计算结果进行解释。

问题 4.2 分析 RR 与 AR 的区别和联系，根据上表可得出什么结论？

【课题 5】 某心脑血管疾病研究中心对血清胆固醇含量与冠心病发病关系进行了研究。研究者首先检测了 1045 名 33～49 岁男子的血清胆固醇含量，然后按其水平高低分为 5 组，随访观察 10 年。以血清胆固醇水平 114～193mg/dl 组作为参照组，对血清胆固醇含量与冠心病关系的部分资料整理见表 4-4。

表 4-4 33～49 岁男子按血清胆固醇水平分组的冠心病 10 年随访结果

血清胆固醇（mg/dl）	暴露水平	病例数	非病例数	发病率	RR（95%CI）	AR	AR%
114～	0	2	207				
194～	1	11	198				
214～	2	14	195				
231～	3	26	183				
256～	4	32	177				
合计	—	85	960				

问题 5.1 请计算表 4-4 中各暴露水平组冠心病的发病率、相对风险率（RR）、RR（95%置信区间，即 95%（CI））、归因危险（AR）及 AR%。

问题 5.2 根据上述资料，还可进行何种分析来增加病因关系推断的说服力，并说明其分析的目的。

表 4-5 研究中石棉工人标准化死亡比

死因	观察死亡数	期望死亡数
恶性肿瘤	213	157.4
心血管疾病	112	108.92

【课题 6】 某研究以手纺温石棉女工作为研究对象，随访 41 年观察该人群不同疾病的发生情况。表 4-5 为该职业人群单纯温石棉暴露和恶性肿瘤和心血管疾病关系研究的部分内容，以一般人群为对照计算得期望死亡数。

问题 请根据上述资料对单纯温石棉暴露与恶性肿瘤和心血管疾病的关系加以判断。

（王金桃　丁　玲）

实习 5　病例对照研究

【目的】 掌握病例对照研究的基本原理及设计要点；熟悉病例对照研究的资料分析方法及结果的解释。

【学时】 3 学时。

【内容】 病例对照研究是一种由果推因的回顾性研究方法，其设计的基本原理是：首先从选择患有某病的人群（病例组）和未患有该病的人群（对照组）入手，然后分别调查病例组和对照组所有研究对象既往对某个（或某些）因素的暴露情况及暴露程度，并通过比较两组中暴露水平的差异有无来研究该疾病与这个（或这些）因素的关系。病例对照研究具有以下特点：①疾病发生在前，研究在后，即研究开始时已经有一批可供选择的病例存在；②依据研究开始时是否已经患有所研究疾病将研究对象分为病例组与对照组；③研究的相关暴露信息是通过既往史的回顾调查得到的；④从研究的性质来看，它是一种由果推因的回顾性研究方法；⑤该法只能通过两组既往的暴露率或暴露水平的比较来分析暴露与疾病的联系。因此，病例对照研究不能明确暴露与疾病的因果关系，只能推测判断暴露与疾病是否存在关联。

【课题 1】 20 世纪初，人们发现有很多的工业发达国家均报道肺癌的死亡率有逐年上升的趋势。资料显示：在 1901～1920 年，男女性的肺癌死亡率分别为 1.1/10 万和 0.6/10 万，到 1936～1939 年，肺癌的死亡率已经上升到男性为 10.6/10 万，女性为 2.5/10 万。什么原因导致肺癌死亡率明显升高呢？

当时，人们曾推测有关肺癌的病因，可能与吸烟及大气污染等危险因素有关，但也有学者认为其可能与人口寿命延长和（或）对肺癌的诊断手段的改进及诊断水平的提高等原因有关。

问题 1.1 针对肺癌死亡率升高的这个现象，如何提出病因假设？

问题 1.2 针对提出的假设如何进行检验和验证？可运用哪些流行病学方法进行这项研究？

Doll 和 Hill 是英国的两位学者，他们于 1948 年 4 月～1952 年 2 月开展了有关吸烟和肺癌关系的专题研究。4 年间以伦敦及附近 20 多所医院已经被诊断为肺癌的患者为调查对象，并派调查员到医院，对每一位调查对象（已经确诊的肺癌患者）进行面对面的调查。每调查一例肺癌患者，同时要在同一所医院同期住院的非肺癌患者中选择一例与病例相匹配，即作为对照进行同样的调查。

问题 1.3 研究作者所使用的是何种流行病学研究方法？请简述该研究方法的设计原理。

问题 1.4 简述该种研究方法的特点及优缺点。

问题 1.5 请说明如何保证病例和对照选择的合理性。

问题 1.6 病例和对照的来源有哪些途径？不同来源的优缺点是什么？

研究中肺癌患者的诊断是基于病理组织学或痰细胞学确诊，也有少部分患者是依据肺部 X 线检查或支气管镜检查确诊。其中排除了患者年龄大于 75 岁及开始被误诊为肺癌最后修订诊断的 80 例患者，研究中因各种原因未能完成调查的肺癌患者共 408 例，最终被调查的肺癌患者大约占当时这些医院里肺癌患者总数的 85%，此次调查的患者总数为 1465 例。

问题 1.7 因故未被调查的病例是否会对研究结果带来影响？

问题 1.8 从医院里选择研究对象时，可能会产生什么样的偏倚？

问题 1.9 肺癌诊断的金标准是什么？应如何保证研究分组的可比性？

对照组和病例组的匹配因素是：①年龄相差少于 5 岁，性别相同；②居住地区相同；③家庭经济条件相似；④同期入院并住同一医院。表 5-1 为病例组与对照组年龄、性别的均衡性比较。

表 5-1　病例组与对照组年龄、性别的均衡性比较

年龄组（岁）	病例组		对照组	
	男	女	男	女
25～	17	3	17	3
35～	116	15	116	15
45～	493	38	493	38
55～	545	34	545	34
65～74	186	18	186	18
合计	1357	108	1357	108

问题 1.10　病例组和对照组匹配的目的是什么？什么是过度匹配？

问题 1.11　为什么要保证病例组和对照组的均衡可比性？

研究的具体调查工作是由受过专门培训的经验丰富的调查员来完成，采用事先编制的调查表，对所有入选的病例组和对照组成员进行详细的询问既往暴露史的调查。研究者对所有调查项目均有明确定义，其中吸烟者的定义是一个人每日吸一支或以上纸烟持续一年之久者，不足此标准者列为非吸烟者。为检验调查对象对吸烟史回答的可靠性，研究者还从中随机抽查了 50 例调查对象，在第一次询问过吸烟史后，间隔 6 个月又进行第二次询问。

问题 1.12　研究过程中，研究者应采取什么措施保证调查结果的真实性？

问题 1.13　研究作者抽取 50 例调查对象进行重复调查的目的是什么？

问题 1.14　编制调查表应遵循的原则有哪些？

研究者对男性调查结果进行了下列两种分析，见表 5-2、表 5-3。

表 5-2　男性肺癌患者与对照的吸烟习惯比较

组别	吸烟	不吸烟
病例组	1350	7
对照组	1296	61
合计	2646	68

表 5-3　男性肺癌患者与对照的吸烟情况比较

病例组	对照组		合计
	吸烟	不吸烟	
吸烟	1289	61	1350
不吸烟	7	0	7
合计	1296	61	1357

问题 1.15　根据表 5-2 计算病例组中吸烟者所占的比例、对照组中吸烟者所占的比例、比值比（OR）及 95%CI 和 χ^2 值。

问题 1.16　表 5-2 和表 5-3 的设计、数据整理和分析原理有何不同？本研究资料采用哪一种分析方法更合理？为什么？

【课题 2】　有学者曾依据饮酒与食管癌的发生可能有一定关联的假设，进行了一项病例对照研究。研究中共选择了 435 例食管癌病例及 451 例与病例具有一定可比性的对照，经对入选的病例和对照进行既往饮酒史及吸烟史的调查，得知病例中有 107 例是不饮酒的，对照中也有 193 例是不饮酒的；病例和对照的有吸烟史的情况分别为 309 例和 208 例。调查发现在吸烟者中有 260 名病例和 156 例对照为饮酒者；不吸烟者中有 68 名病例与 102 名对照为不饮酒者。

问题 2.1 饮酒者患食管癌的相对危险度是多少？

问题 2.2 食管癌与饮酒的联系在统计学上是否显著？

问题 2.3 根据计算结果，能得出饮酒与食管癌有因果关系的结论吗？

问题 2.4 吸烟者患食管癌的相对危险度是多少？

问题 2.5 吸烟与食管癌有无联系？

问题 2.6 你认为吸烟与食管癌是否为因果关系？

问题 2.7 在吸烟与食管癌的联系上，饮酒是不是一项混杂因素？为什么？

问题 2.8 在饮酒与食管癌的联系上，吸烟是否为混杂因素？为什么？

问题 2.9 在研究饮酒与食管癌的关系时，如何能排除吸烟因素的影响？

问题 2.10 排除吸烟影响后，饮酒的相对危险度是多少？

（高晓虹）

实习 6　实验流行病学

【目的】　掌握实验流行病学概念及临床试验的基本原理、特征；熟悉流行病学实验研究的基本步骤；了解实验研究设计类型。

【学时】　3 学时。

【内容】　实验流行病学研究作为流行病学的重要研究方法之一，是通过比较给予干预措施后的实验组人群与对照组人群的结局，从而验证研究假设和考核干预措施效果的一种前瞻性研究方法，又称干预研究、流行病学实验研究等。其中包括临床试验、现场试验和社区干预项目等研究类型。这类研究方法在临床治疗和疾病预防措施的科学评价和筛选、医疗卫生政策、健康教育及诊断技术效果评估等方面起着举足轻重的作用，已被视为评价干预措施有效性的标准方法。良好的实验设计应首先满足 3 个基本要素：①根据研究目的确定研究因素，予以详尽而充分的说明；②合适的研究对象，选取应注意同质性、代表性和样本量等方面的问题；③选取能够较好反映观察结局的效应指标。严格遵守以下 4 个基本原则：对照原则、随机化原则、重复原则和盲法原则，安排研究对象的分组、研究因素的施加及资料的采集与分析等研究方案。

临床试验

【课题 1】　白芍总苷治疗类风湿关节炎的临床试验

1.1　研究背景

类风湿关节炎（rheumatoid arthritis，RA）是一种常见的以关节滑膜慢性炎症病变为主要表现的自身免疫性疾病。目前西医临床用药多为非甾体消炎药和免疫抑制剂，但疗效不佳且胃肠道反应大；而有临床研究表明，中药白芍总苷治疗 RA 疗效显著。本研究拟观察白芍总苷对 RA 患者血清肿瘤坏死因子-α（TNF-α）和白细胞介素-6（interleukin-6，IL-6）的影响，探讨其治疗 RA 的作用机制。

1.2　研究对象

1.2.1　来源

选择 2010 年 1 月～2011 年 12 月在武汉市第一医院风湿免疫科就诊的 RA 患者 62 例。

1.2.2　纳入标准

患者符合美国风湿病学会 1987 年制订的 RA 诊断标准（活动性 RA）：每日晨僵持续时间≥60min；关节肿胀数≥3；类风湿因子（RF）阳性；红细胞沉降率（ESR）≥28mm/h，C 反应蛋白（CRP）≥正常值的 1.5 倍。

1.2.3　排除标准

排除有严重心、肝、肾及胃、十二指肠溃疡病变和病史者；有药物过敏史和过敏体质者，妊娠期或哺乳期妇女等。

问题 1.1　本研究的研究对象是什么？

问题 1.2　本研究对象仅来自一家医院，存在什么偏倚？

问题 1.3　临床试验时如何确定研究对象的样本量？

问题 1.4　样本量不足，可能会对结果造成什么影响？

1.3　方法

1.3.1　分组

采用随机数字表法将 62 例 RA 患者随机分为两组，每组 31 例。治疗组：男 8 例，女 23 例；年龄 26～60 岁，平均（42.3±10.3）岁；病程 1～10 年，平均（5.1±3.0）年。对照组：男 9 例，女 22 例；年龄 25～61 岁，平均（43.3±9.2）岁；病程 1～10 年，平均（5.4±2.5）年。

1.3.2　治疗

对照组：口服甲氨蝶呤，每次 15mg，每周 1 次；美洛昔康每日 10 mg。治疗组：口服白芍总苷（帕夫林胶囊），每次 600mg，每周 2 次。疗程 12 周，治疗期间不再用其他抗风湿类药物及糖皮质激素。

问题 1.5　随机区组设计目的是什么？

问题 1.6　本研究的研究因素是什么？

问题 1.7　本研究采用了何种类型的对照？为何不宜采用空白对照？

问题 1.8　常用的对照形式有哪些？各自的适用性是什么？

1.3.3　指标观察

（1）晨僵时间：由患者记录早晨醒来时出现僵硬至消失的时间。

（2）关节肿痛（压痛）指数：等于各受累关节的肿胀（压痛）级别之和。肿胀（压痛）级别评分：0 分，无肿胀（重压无疼痛）；1 分，轻度肿胀（重压轻度疼痛）；2 分，中度肿胀（轻压即有疼痛）；3 分，重度肿胀（轻压即有明显缩回动作）。治疗前后分别抽取清晨空腹静脉血，采用 ELISA 方法测定 ESR、CRP、RF、TNF-α 和 IL-6 含量。

1.3.4　疗效标准

进步：晨僵时间、握力、压痛关节数、肿胀关节数、ESR 改善 50%，RF 下降>2 个稀释度。显效：上述 6 项指标中至少 4 项进步。有效：6 项中有 3 项进步者。无效：6 项指标中进步不足 3 项及病情恶化者。

问题 1.9　实验流行病学设计中，效应指标的选择需考虑哪些因素？

1.3.5　统计处理

借助 SPSS 13.0 软件进行统计分析，计量资料的组间比较采用 t 检验或 Wilcoxon 秩和检验，同时治疗前后的比较采用配对 t 检验或符号秩和检验；计数资料的组间比较采用 χ^2 检验，等级资料的组间比较采用 Wilcoxon 秩和检验；检验水准 α=0.05。

问题 1.10　本研究是否采用了盲法原则？盲法原则在实验设计中的应用价值是什么？

1.4　结果

1.4.1　均衡性比较

两组患者性别、年龄、病程等资料比较，差异均无统计学意义（P>0.05），见表 6-1。

表 6-1　研究对象一般人口学特征

一般特征	治疗组	对照组	t/χ^2	P
年龄（$\bar{x}\pm s$）	42.3±10.3	43.4±9.2	0.44	0.659
性别（男/女，n）	8/23	9/22	0.08	0.776
病程（$\bar{x}\pm s$）	5.1±3.0	5.4±2.5	0.43	0.670

1.4.2　疗效分析

（1）晨僵时间、关节肿胀指数和关节压痛指数的比较：与治疗前相比，两组治疗后的晨僵时间、关节肿胀指数和关节压痛指数均显著降低（P<0.01）。治疗后治疗组晨僵时间、关节肿胀指数和关节压痛指数均低于对照组，但差异无统计学意义（P>0.05），见表 6-2。

表 6-2　两组治疗前后晨僵时间、关节肿胀指数和关节压痛指数的比较（$\bar{x}\pm s$）

组别	差异来源	晨僵时间（min）	关节肿胀指数	关节压痛指数
对照组	治疗前	129.98±71.65	7.06±3.65	10.95±4.69
（n=31）	治疗后	51.72±33.67	4.12±1.98	5.96±2.96

续表

组别	差异来源	晨僵时间（min）	关节肿胀指数	关节压痛指数
治疗组（n=31）	治疗前	132.31±68.96	6.89±3.82	11.32±4.63
	治疗后	46.82±32.63	3.64±1.76	5.51±2.85

（2）两组疗效比较：治疗组疗效与对照组比较，差异有统计学意义（P=0.036），治疗组优于对照组，见表 6-3。

表 6-3　两组疗效比较

组别	n	显效（例）	有效（例）	无效（例）
对照组	31	4	18	9
治疗组	31	10	17	4

（3）两组治疗前后 ESR、CRP、RF、TNF-α 和 IL-6 的比较：治疗前，两组 ESR、CRP、RF、TNF-α 和 IL-6 差异无统计学意义（$P>0.05$）；治疗后，两组 ESR、CRP、RF、TNF-α 和 IL-6 均较治疗前显著下降（$P<0.01$），但治疗组患者 ESR、CRP、RF、TNF-α 和 IL-6 均明显低于对照组，差异有统计学意义（$P<0.05$ 或 $P<0.01$），见表 6-4。

表 6-4　两组治疗前后 ESR、CPR、RF、TNF-α 和 IL-6 的比较（$\bar{x}\pm s$）

组别	差异来源	ESR（mm/h）	RF（U/ml）	CRP（mg/L）	TNF-α（ng/ml）	IL-6（ng/ml）
对照组（n=31）	治疗前	64.96±22.12	179.86±60.18	26.05±5.18	38.65±8.95	79.86±14.67
	治疗后	46.55±18.71	116.87±51.37	21.43±5.16	23.55±7.93	56.22±13.43
治疗组（n=31）	治疗前	65.28±21.34	186.25±58.32	25.68±5.37	37.32±9.11	81.28±13.22
	治疗后	30.63±14.45	98.94±46.71	16.12±4.65	18.74±7.92	48.84±11.65

问题 1.11　根据上述研究结果，写出你的结论。

问题 1.12　本课题的实验设计存在哪些不足？如何改进？

现场试验

【课题 2】　辅食添加现场干预对婴儿营养状况的影响

2.1　研究背景

营养是儿童生长发育的重要物质基础。合理添加辅食是改善婴儿营养状况的必要途径。辅食添加现场干预的健康教育模式具有直观、易懂的优点，家长易于接受。为评价辅食添加健康教育效果，某妇幼保健院设计了一项现场试验研究。

2.2　研究设计

2.2.1　研究对象

随机抽取 2003 年 1～12 月在某妇幼保健院分娩出生、体重为 2.5～3.9kg，并参与儿童健康保健系统管理的 6 个月以内的散居儿童 488 名。接受辅食添加现场干预的儿童家长 251 名，以其子女作为干预组，以同期家长未接受干预的儿童 237 名作为对照组。

2.2.2　干预方法

每月 1～2 次由专职医务人员主持以辅食添加现场制作示范及营养知识讲座为主题的健康教育活动。内容包括：①讲授母乳喂养的优点、如何正确添加辅食及儿童各种营养素的补充等知识；②讲解辅食的选材、烹调方法和喂养方法，现场示范制作各类辅食，如菜汁、果汁、菜泥、蛋黄泥、肝泥及肉泥等及其搭配示范；③介绍并展示各类辅食制作必要工具及使用方法；

④解答家长喂养疑难问题，纠正错误的喂养观念。

问题 2.1 现场试验与临床试验有何区别？

问题 2.2 该现场试验的研究对象和干预措施分别是什么？

问题 2.3 该试验用了何种对照设计？

2.2.3 观察指标

该院使用国际标准 WZR-E1 型儿童保健电脑进行评价，根据世界卫生组织专家推荐的（NCHS）测定人群参照值为评价标准，以身高别体重、年龄别体重、年龄别身高的标准值小于 $\bar{x}-2s$ 分别判断为消瘦、低体重、发育迟缓。分别测定两组婴儿 6 个月、9 个月、12 个月时的营养状况并进行组间比较。体检资料来源于散居儿童系统管理体检登记卡。

问题 2.4 该现场试验的效应指标是什么？

2.2.4 统计方法

将相关资料应用 SPSS 10.0 统计软件包进行统计分析。分类资料计算构成比/率，组间比较采用 χ^2 检验。检验水准 α=0.05。

2.3 结果

2.3.1 一般情况

本次调查两组儿童 4 个月内纯母乳喂养率，干预组有 195 人，占 77.69%，对照组有 178 人，占 75.11%，两组差异无统计学意义（χ^2=0.45，P =0.501）。及时合理开始辅食添加的干预组有 201 人，占 80.08%，对照组有 127 人，占 53.59%，差异有统计学意义（χ^2=49.33，P<0.001）。调查结果显示，经干预后，不同文化程度的儿童家长辅食添加合格率差异无统计学意义。

问题 2.5 为什么结果中要说明干预后“不同文化程度的儿童家长辅食添加合格率差异无统计学意义”？

2.3.2 营养状况

两组儿童各月龄组营养状况见表 6-5。由表 6-5 可见，干预组发生营养不良的儿童仅有 9 人，发生率为 3.56%；而对照组发生营养不良的儿童有 42 人，发生率为 17.72%，两者差异有统计学意义。

表 6-5 两组儿童各月龄组营养状况比较

月龄	干预组			对照组		
	消瘦	低体重	发育迟缓	消瘦	低体重	发育迟缓
6	3	0	0	6	3	2
9	1	1	2	8	6	3
12	0	1	1	5	7	2
合计	4	2	3	19	16	7

社区干预试验

【课题 3】 湖北省三峡坝区高血压的社区干预试验效果评价

3.1 研究背景

高血压是一种慢性疾病，同时又是心脑血管和肾脏疾病的重要危险因素，被称为“无形的杀手”。2002 年全国居民营养与健康状况调查资料显示，我国成人高血压患病率为 18.8%，与 1991 年相比，10 年来患病率呈明显上升趋势。据统计，我国 35～74 岁人群中高血压的患病率为 27.2%。三峡坝区农村社区 35 岁以上人群高血压患病率高达 28%，在当地进行高血压现场干预试验刻不容缓。本研究选定三峡坝区农村作为高血压防治现场，通过对高血压患者、高血压高危人群和血压正常者采用不同的干预措施，以达到降低高血压的发病率和提高高血压患者生活质量的目的。同时结合国内外慢性病社区干预的经验，针对农村现状，探索一套适合农村的、行之有效的高血压综合防治方案。

3.2 对象和方法

3.2.1 研究对象

2000 年 9 月，对宜昌市某区 5 个乡镇以村为单位，35 岁以上人群进行整群典型抽样，共抽取 3049 人进行原发性高血压的筛检和危险因素的调查。在基线调查后，采用随机抽样的方法，设立示范区和对照区。对示范区开展了为期 6 年的高血压社区干预试验。为了评价干预效果，分别在 2003 年和 2006 年从 2000 年的基线资料中抽取一定样本进行高血压社区干预试验中期和结局效果调查。其中 2003 年随机抽取 1632 人（示范区抽取 826 人，对照区 806 人），2006 年对 2003 年所有调查者进行随访，其中示范区收回调查表 796 份，应答率为 99.5%；对照区收回调查表 713 份，应答率为 89.12%。2003 年和 2006 年调查中，示范区和对照区人口构成均无显著性差异。

问题 3.1 社区干预试验与现场试验研究对象选择上有什么不同?

问题 3.2 何为应答率? 应答率低对研究结果有何影响?

3.2.2 干预内容和目标

（1）干预内容：在示范区建立了区、乡、村三级高血压防治网络，集预防、保健、诊断、治疗、康复、转诊于一体。对高血压患者建档分级管理，实行一人一档、动态管理；对高血压高危人群主要针对危险因素进行强化干预；对血压正常者通过健康教育项目和监测系统进行干预。

（2）干预目标：降低人群中高血压的危险因素水平及高血压发病率和死亡率，改善居民健康状况。总结一套适合我国农村地区的有效的高血压社区综合防治模式。

问题 3.3 该社区试验研究的干预措施是什么?

问题 3.4 试从干预（处理）角度，比较社区干预试验与现场试验存在哪些不同?

3.2.3 调查内容与方式

调查内容主要包括：①一般情况，包括性别、年龄、民族、职业、文化水平、婚姻状况等；②个人习惯，包括饮食习惯、烟酒嗜好、体育锻炼等情况；③健康保健和卫生服务利用情况；④血压、身高、体重、腰腹围等物理指标。根据当地情况，示范区主要采用集中调查的方式，对照区主要采用入户面访的方式调查。

问题 3.5 示范区与对照区调查方法不一致可能造成研究结果与真实情况间的差异属于哪类偏倚?

问题 3.6 控制此类偏倚的主要方法有哪些?

3.2.4 相关定义

①吸烟：至调查日为止已经吸足 100 支烟且过去 30 日内吸烟。②现在饮酒：被调查者最近一个月内曾饮过任何含乙醇的饮料。③常吃某种食物：每周至少有 3～4 日吃该类食物。④高血压：参考高血压诊断标准和分类。

3.2.5 数据整理与分析

调查表经复核后，用 Epi Data3.0 软件进行平行双录入，以保证资料录入的准确性。数据分析采用 χ^2 检验、Z 检验等方法进行。所有分析均在 SPSS 11.5 软件包中完成。

3.3 结果

3.3.1 人口学特征

在 3 次调查中，将调查对象按年龄段分为 4 组：35～44 岁、45～54 岁、55～64 岁、65 岁以上，3 次调查的年龄段人数间比较未见差异。另外，性别、民族比较亦未见差异。

问题 3.7 为什么需要指出 3 次调查的研究对象的年龄、性别、民族等无差异?

3.3.2　人群血压情况比较

示范区人群收缩压均值在 2003 年调查时已经降到了 118 mmHg（$P<0.01$），并维持到 2006 年。人群舒张压得到了控制，均值并未随着人群年龄的增长而增高（$P>0.05$）。对照区调查前后收缩压与舒张压均值差异均无统计学意义（表 6-6）。

表 6-6　示范区与对照区基线与结局血压比较

血压（mmHg）	示范区			对照区		
	2000 年（n=598）	2003 年（n=826）	2006 年（n=796）	2000 年（n=586）	2003 年（n=806）	2006 年（n=713）
收缩压	122.70±17.91	118.73±21.36	118.60±17.05	124.79±18.15	123.75±16.50	122.07±15.90
舒张压	71.66±11.11	72.06±11.67	72.01±11.11	80.25±9.05	78.96±26.75	79.86±8.89

3.3.3　人群不良生活方式改变情况

（1）吸烟：干预前后人群分性别吸烟情况见表 6-7。与基线和 2003 年资料比较，示范区和对照区 2006 年男性吸烟率分别下降了 22.85%和 2.80%（P 均<0.01）；对照区 2006 年男性和女性吸烟率均高于基线资料（χ^2=16.345，$P<0.01$；χ^2=5.023，$P<0.05$）。

表 6-7　示范区与对照区干预前后分性别吸烟率比较[n（%）]

性别	示范区			对照区		
	2000 年（n=598）	2003 年（n=826）	2006 年（n=796）	2000 年（n=586）	2003 年（n=806）	2006 年（n=713）
男	198（66.22）	199（46.17）	180（43.37）	122（42.07）	186（45.04）	209（54.29）
女	37（12.37）	41（10.38）	35（9.19）	5（1.72）	6（1.54）	9（2.74）
合计	235（39.30）	240（29.54）	215（27.01）	127（21.67）	192（23.95）	218（30.58）

注：括号外为吸烟人数，括号内为吸烟率（%）

（2）饮酒：人群饮酒情况见表 6-8。与基线和 2003 年资料比较，示范区和对照区 2006 年男性饮酒率分别下降了 23.64%和 10.10%（$P<0.01$）；对照区 2006 年男性和女性饮酒率均显著高于基线资料（$P<0.01$）。

表 6-8　示范区与对照区干预前后分饮酒率比较

性别	示范区			对照区		
	2000 年（n=598）	2003 年（n=826）	2006 年（n=796）	2000 年（n=586）	2003 年（n=806）	2006 年（n=713）
男	173（57.86）	191（44.32）	142（34.22）	98（33.79）	145（35.11）	214（55.58）
女	24（8.03）	37（9.37）	31（8.14）	8（2.70）	15（3.82）	38（11.59）
合计	197（32.94）	228（27.60）	173（21.73）	106（18.09）	160（19.85）	252（35.48）

注：括号外为饮酒人数，括号内为饮酒率（%）

问题 3.8　为什么在分析吸烟与饮酒时按性别进行分层？主要是控制哪类常见偏倚？

问题 3.9　你认为本研究中还有哪些因素需要控制？

（3）饮食习惯：示范区常吃高盐饮食、甜食/甜品、高脂饮食、熏制食品，2006 年调查结果较基线调查低，差异有统计学意义（$P<0.01$）。而对照区常吃甜食/甜品和熏制食品，较基线结果上升，差异有统计学意义（χ^2=3.994，$P<0.05$；χ^2=64.829，$P<0.01$）（表 6-9）。

表 6-9 示范区与对照区干预前后饮食习惯比较[n（%）]

经常性饮食习惯	示范区			对照区		
	2000 年（n=598）	2003 年（n=826）	2006 年（n=796）	2000 年（n=586）	2003 年（n=806）	2006 年（n=713）
高盐饮食	455（76.09）	352（42.62）	112（14.07）	151（22.77）	219（27.17）	175（24.54）
甜食/甜品	193（32.27）	99（11.99）	73（9.17）	6（1.02）	99（12.28）	18（2.52）
高脂饮食	365（61.04）	264（31.96）	189（23.74）	194（33.11）	115（14.27）	257（36.04）
熏制食品	397（66.39）	248（30.02）	132（16.58）	19（3.24）	52（6.45）	123（17.25）

注：括号外为食用人数，括号内为食用率（%）

3.3.4 高血压患者的知晓率、治疗率和控制率比较

2006 年示范区高血压患者的知晓率（自知有高血压者的比率）、治疗率（药物治疗与非药物治疗的比率）、控制率（经治疗收缩压＜140mmHg、舒张压＜90mmHg 者的比率）结局调查时均高于基线调查时的水平（$P<0.01$）（表 6-10），对照区高血压患者的知晓率、治疗率和控制率亦相对于基线有较大提高，差异有统计学意义（P 均＜0.01）。

表 6-10 示范区与对照区干预前后高血压患者知晓率、治疗率、控制率抽查结果

项目	示范区			对照区		
	2000 年（n=125）	2003 年（n=167）	2006 年（n=178）	2000 年（n=166）	2003 年（n=130）	2006 年（n=142）
知晓率	30（24.00）	114（68.26）	168（94.38）	31（18.67）	55（42.31）	100（70.42）
治疗率	28（22.40）	99（59.28）	136（76.40）	28（16.87）	41（31.54）	82（57.75）
控制率	13（10.40）	35（20.96）	106（59.55）	6（3.61）	8（6.15）	60（42.25）

注：括号外为人数，括号内为比率（%）

问题 3.10 试着总结下这项社区干预试验的结论。

（倪进东 彭 辉）

实习 7　偏倚及其控制

【目的】　了解偏倚的种类；学会判定混杂因素，并能估计混杂因素的大小和方向。

【学时】　4 学时。

【内容】　在流行病学科研的过程中，由于各种因素的影响，导致研究的结果与真实的情况存在一定的差异，即误差（error）。误差包括随机误差和系统误差。偏倚就是系统误差，在研究或推论过程中所获得的结果系统地偏离其真实值。偏倚分为三大类，即选择偏倚、信息偏倚和混杂偏倚。选择偏倚主要在研究设计阶段产生，信息偏倚主要在研究实施阶段出现，混杂偏倚主要由于研究设计或资料分析阶段，未对混杂因素进行控制和消除而导致。控制偏倚的有效方法主要是通过科学严谨的研究设计、严格的实施和合理的分析等手段来实现。①设计阶段控制偏倚的方法：随机化、匹配、限制、提高研究对象的依从性、严格研究对象的选择标准、尽量采用多种对照、制订统一的调查表等。②实施阶段控制偏倚的方法：调查人员的培训、严格信息标准、"盲法"的应用等。③资料分析阶段控制的方法：分层分析、标准化、多因素分析等。

【课题 1】　流行病学中年龄常常是造成混杂的一个变量，部分原因是因为许多疾病的发生都随年龄增大而改变。疾病的风险随年龄增大而改变的现象常常认为是年龄的效应。

问题　把年龄作为疾病发生危险性的一种效应有什么意义吗?或者考虑年龄的效应本身被其他因素混杂更敏感吗?

【课题 2】　对某省某医院 1998～2008 年因消化道症状来院做胃镜检查的 5216 人进行 Hp 检测和胃黏膜病理学检查。其中，男性 3721 人，女性 1495 人，平均年龄为 46.3 岁（年龄范围为 18～86 岁）。在 5216 人中，共检出 Hp 阳性 2387 人；经病理学诊断确定为三种癌前病变的患者有萎缩性胃炎 1193 人（Hp 阳性 585 人）、肠化生 1095 人（Hp 阳性 551 人）、异型增生 111 人（Hp 阳性 65 人）。

问题　在该研究中，常见的偏倚有哪些，如何对其进行有效地控制?

【课题 3】　2008 年 1～12 月，在包头市某口腔医院门诊进行了一项关于"吸烟与口腔黏膜白斑病之间关系"的配比病例对照研究。对照选自该口腔医院门诊的非口腔黏膜白斑病就诊者，如镶牙、补牙、洁牙、牙周炎患者等。病例和对照的配比条件：同性别、年龄相差在 2 岁以内、包头市居民并且近 10 年来一直居住在该市。结果：病例与对照均吸烟者共 45 对；均不吸烟者 20 对；病例吸烟而对照不吸烟者共 25 对；病例不吸烟而对照吸烟者共 10 对。

问题 3.1　该研究的设计是否存在偏倚？如何控制?

问题 3.2　如何分析吸烟与口腔黏膜白斑病之间有无关联?

问题 3.3　如何计算和解释关联强度?

问题 3.4　根据这一研究结果，如何下结论?

【课题 4】　Robin 等对比分析了不同来源研究对象估计某些因素与几种疾病关系的研究结果，一个以社区人群为研究对象，另一个以该社区医院病例为研究对象。表 7-1 为不同来源研究对象估计药物与疾病关系的 OR。

表 7-1　不同来源研究对象估计药物与疾病关系的 OR

药物	疾病	研究对象	
		社区人群	医院病例
水杨酸类药物	过敏	1.15	0.18

续表

药物	疾病	研究对象	
		社区人群	医院病例
	疲乏	2.09	0.72
轻泻药	运动骨骼系统疾病	1.53	5.07
	关节炎风湿性疾病	1.48	5.00
安眠药	循环系统疾病	6.38	3.27
维生素类药物	过敏	1.76	0.00
	外伤	0.61	1.92

问题 4.1 如何解释表 7-1 中两种不同来源研究对象研究结果的差异?其可能的原因是什么?

问题 4.2 根据表 7-1 资料，与以医院病例为研究对象相比，对以社区人群为研究对象研究结果所产生的偏倚大小与方向予以测量。

问题 4.3 在流行病学研究过程中，如何控制该种偏倚?

【课题 5】 研究报道，滑石粉尘主要影响呼吸系疾病发生与发展，尤其是对癌症具有重要作用，为探讨滑石粉尘对陶瓷工人死亡的影响及其致痛作用，聂志华等对某地陶瓷厂选择全部在册的工人进行了前瞻性队列研究，1972～1989 年共 17 年时间，选择在岗及退休男性工人 12 218 人作为队列，其中死亡 1256 人，与全国居民死亡率（1987 年）进行比较。表 7-2 是同时期与钢铁工人及全国人口相比较的陶瓷工人全死因死亡率；表 7-3 是暴露组观察期间全部死因死亡数与以 1987 年全国居民死亡率作参比计算的期望死亡数之比。由表 7-2 可见，陶瓷行业工人的全死因死亡率皆低于全国人口的全死因死亡率；由表 7-3 可见，某些死因的观察死亡数低于其期望死亡数。

表 7-2 种族调整的年龄别全死因死亡率（1/10 万人年）

年龄组（岁）	陶瓷工人	钢铁工人	全国人口
45～54	411	450	504
55～64	845	934	2310

表 7-3 暴露组成员主要死因的标准化死亡率比（SMRs，1972～1989 年）

死因	实际死亡数	期望死亡数	SMRs
全死因	1038	1358.21	0.925
全癌	291	299.10	0.97
胃癌	63	48.37	1.30
肝癌	72	68.08	1.06
肺癌	62	65.64	0.94
肺结核	132	39.07	3.38
呼吸系统疾病	233	132.42	1.76
肺尘埃沉着病	80	4.09	19.56
慢性支气管炎	65	154.43	0.42
高原性心脏病	23	16.51	1.39
缺血性心脏病	17	24.58	0.69

问题 5.1 根据上述资料，如何解释全死因及其他一些死因观察死亡数低于期望死亡数的现象？根据以上数据是否能说明陶瓷行业职业暴露对人类健康不但没有危害而且还有保护性

作用，为什么？

问题 5.2　在研究某些职业暴露的危害时，以一般人口作参比易受“健康工人效应”的影响，如何控制该种偏倚的产生？

【课题 6】　为了解国家计划免疫的实施效果，研究组成员随机抽取社区女性人群共 2 万人进行宫颈癌和乳腺癌等女性常见肿瘤的一级预防教育。将研究对象分为 2 组，每组 1 万人。一组为干预组；另一组作为对照组。研究者着重分析了干预组的调查资料。在干预组共发出 9980 份调查表，得到 7338 人答复，应答率为 73.52%。研究者对干预组中应答者与无应答者的随访资料进行了对比，部分结果见表 7-4。

问题 6.1　你认为根据 7338 例应答者的资料能否反映干预组的真实情况?为什么？

问题 6.2　在流行病学调查研究过程中，可能产生无应答偏倚的原因有哪些？

问题 6.3　如何控制与处理无应答偏倚？

表 7-4　干预组中应答者与无应答者随访死亡的人数

死因	应答者（n=7388）	无应答者（n=2592）
冠心病、脑血管疾病	28	20
肿瘤	15	20
意外事故	6	8
感染	4	3
消化系统疾病	28	32
呼吸系统疾病	26	24
其他	15	13
合计	122	120

【课题 7】　为了研究吸烟和户外工作（日晒）对唇癌发生的影响，对 50～69 岁唇癌患者和作为对照的皮肤癌患者进行比较，结果如表 7-5 所示。

表 7-5　50～69 岁唇癌患者和皮肤癌患者的比较结果

	唇癌	皮肤癌
吸烟，户外工作	51	6
吸烟，户内工作	24	10
不吸烟，户外工作	15	8
不吸烟，户内工作	3	5

问题 7.1　请就对照组的选择进行讨论。

问题 7.2　请计算户外工作与户内工作及吸烟与不吸烟相比较唇癌的 OR。

问题 7.3　按吸烟分层后，再计算户外工作与户内工作相比较唇癌的 OR。

问题 7.4　按户内户外分层后，再计算吸烟与不吸烟唇癌的 OR。

问题 7.5　请就上述结果做出解释，对照组的选择对结果可能产生什么影响？

问题 7.6　根据上述资料，在研究吸烟与唇癌之间的关系时，户外工作是否是混杂因素？为什么？

问题 7.7　根据以上资料，试对户外工作所产生混杂偏倚的大小与方向予以测量。

问题 7.8　在流行病学调查研究过程中，如何控制混杂因素的混杂作用？

问题 7.9　一个因素如果是混杂因素，那么它应该具备哪些条件？本课题中户外工作是否具备混杂因素的条件？

【课题 8】　为了研究孕妇体内叶酸含量与小儿神经系统疾病（包括神经管缺陷、神经发育异常等）之间的关系，有学者选择了在某地儿童医院患神经系统疾病的 80 名住院儿童作为病例组，选择了在同一医院住院、相同社会阶层、同一年龄组、相同出生地的 80 名其他病患儿童作为对照组，进行了病例对照研究。两组皆以相同调查表、相同经过培训的调查员、以相同询问方式调查母亲妊娠期是否补充叶酸及摄入新鲜蔬菜等的情况，结果见表 7-6。同时为了解研究对象所提供的过去暴露史的准确性，对部分研究对象比较了医院病历记录补充叶酸史与母亲回忆补充叶酸史，结果见表 7-7。

表 7-6　孕妇服用叶酸与儿童神经系统疾病之间的关系

	服用叶酸	未服用叶酸	合计
病例	25	55	80
对照	15	65	80
合计	40	120	160

表 7-7　不同方法获得的妊娠期母亲服用叶酸比较

医院记录	患儿母亲回忆			合计
	服用叶酸	未服用叶酸	不清楚	
服用叶酸	24	10	3	37
未服用叶酸	2	31	5	38
合计	26	41	8	75

问题 8.1　根据表 7-6 资料，分析孕妇服用叶酸与儿童神经系统疾病之间的关系。

问题 8.2　根据表 7-7 资料，以服用叶酸与未服用叶酸为依据，计算患儿母亲对暴露史回忆的灵敏度与特异度。

问题 8.3　依以上计算的灵敏度及特异度，并假定病例组与对照组母亲回忆的灵敏度及特异度一致，将表 7-6 资料计算的 OR 予以校正，并对偏倚的大小与方向予以测量。

问题 8.4　在进行病例对照研究时，应如何避免此种偏倚？

【课题 9】　1975 年 Ziel 等以病例对照研究，从美国加利福尼亚州洛杉矶妇女中调查口服雌激素与子宫内膜癌的关系，结果表明子宫内膜癌患者雌激素暴露比例明显高于对照组，认为子宫内膜癌与服用雌激素密切相关，结果见表 7-8。

表 7-8　更年期服用雌激素与子宫内膜癌的关系

雌激素服用史	肿瘤科		妇科	
	暴露	非暴露	暴露	非暴露
有	45	7	59	40
无	72	110	89	108
合计	117	117	148	148

问题 9.1　根据上述资料，分析更年期服用雌激素与子宫内膜癌之间的关系。

问题 9.2　上述资料能否反映被研究者的真实情况?为什么?

问题 9.3　在进行病例对照研究时，应如何避免此种偏倚?

【课题 10】　有医生就“长期口服避孕药与妇女血栓栓塞之间关系”进行病例对照研究，得出 x^2=18.36，P<0.01；OR=2.67。于是他认为长期口服避孕药与妇女血栓栓塞有因果关系。

问题　你认为他得出的结论是否正确？为什么?

（白华民）

实习 8　疾病因果判断

【目的】 掌握流行病学病因的概念、病因研究过程、建立病因假说的逻辑推理方法及疾病因果判断的标准。

【学时】 3 学时。

【内容】 疾病病因的概念是不断更新发展的。现代流行病学认为，那些能使人群中发病概率升高的因素就可以被认为是病因；当其中的一个或多个因素不存在时，人群中疾病频率就会下降。在复杂病因疾病或病因尚未明确时，相关致病因素被称为疾病的危险因素。流行病学的病因观是概率性的，可以用生态学模型、疾病因素模型、病因网络模型来表达病因与疾病的关系。流行病学的病因研究，往往首先应用描述性研究提出病因线索；其次，运用逻辑推理形成病因假设；再次，应用分析性研究检验病因假设；有时还借助于实验性研究进一步验证假设；最后，应用病因推断标准做出因果推断。

【课题 1】 晶体后纤维增生症病因研究

20 世纪 40 年代初，在美国一些城市发生一原因不明疾病称晶体后纤维增生症（retrolental fibroplasia，RLF）。这是早产儿出生不久发生的疾病，其主要病变是晶体后发生纤维组织增生与粘连，成为儿童失明的主要原因之一，经过流行病学研究证明了该病的病因是由于早产儿吸入高浓度的氧所致。经采取措施后，由该因素引起本病的病例已很少见，以下是研究的方法与结果。

【资料 1】

（1）地理分布：本病最早发现于美国波士顿，不久其他一些大城市如纽约、芝加哥等也有报道，后来在加拿大、英国、法国、瑞典、荷兰、西班牙、瑞士、意大利、以色列、古巴、澳大利亚和南非等国均有病例报道，其中以英国、法国、瑞典、澳大利亚病例较多。病例呈散发性特点。

（2）人群分布：本病绝大多数在早产儿中发生，与出生时体重有关，体重越轻或胎龄越小，发病率越高，但未见性别差异。在美国报道，白色人种比黑色人种患 RLF 更常见，如收治白色人种的普罗维登斯产科医院等早产儿中有 30%～40%患 RLF，在一些城市的私人医院的白色人种产妇中，婴儿患 RLF 者也较多，但慈善医院早产儿数目最多，其中 70%都是黑色人种，却无病例报道。

（3）产妇的经济条件或医院的医疗条件：RLF 多发生在医疗设施较好的医院，如一所无 RLF 病例的慈善医院，95%的产妇是来自贫困家庭，而芝加哥大学附属医院自费入院的患者中早产儿 RLF 的发病率为 30%～40%。

（4）时间分布：开始本病未引起医生的注意，当眼科医生注意到本病时，病例数明显上升。

问题 1.1 以上资料属于何种类型流行病学研究方法？

问题 1.2 根据以上资料的结果，可以得到哪些初步的病因线索？

问题 1.3 若希望进一步验证病因假设，应进一步开展什么类型的研究？

【资料 2】 某医师进行如下研究，选择经证实的有后遗症损害的 RLF 患者为病例组，对照为正常婴儿。研究结果表明：早产儿与母亲的下列因素无意义，如年龄、Rh 型、分娩情况、X 线、镇痛和麻醉剂、感染或早产等。早产儿与下列因素无意义，如一胎或多胎、性别、有无先天畸形、白细胞计数、X 线、输血等。有意义的是护理情况、平均护理天数、在暖箱平均天数、平均输氧天数，RLF 患儿均高于正常婴儿，而更多的 RLF 婴儿输氧尤为突出。

问题 1.4 以上资料属于何种类型的流行病学研究?

问题 1.5 以上资料的研究结果有何启示?

问题 1.6 以上资料提供的证据能否确定高浓度氧是 RLF 的病因? 为什么?

问题 1.7 下一步应做哪些工作或补充哪些研究证据?

【资料 3】 根据【资料 1】和【资料 2】提出的重要病因线索，即 RLF 与输高浓度的氧有关，当时经济条件较好家庭早产儿均住在设备好的医院，有输氧护理，而经济条件较差家庭的早产儿多住在慈善医院，只限有发绀的婴儿才能使用输氧护理，因当时住院情况均记录在案，即暴露高浓度氧的情况以后出现 RLF，也有确诊依据（表 8-1）。

表 8-1 输氧与 RLF 关系

组别	观察人数	发病人数	发病率（%）
暴露组	123	23	18.69
未暴露组	58	4	6.89

计算得出：RR 为 2.71，AR 为 11.8，AR%为 63.14%。以上结果说明在早产儿中应用高浓度氧气与 RLF 发病有关。

问题 1.8 以上资料属于何种类型的流行病学研究?

问题 1.9 【资料 3】和【资料 2】的研究有何区别? 请说明它们在病因推断中的作用。

【资料 4】 20 世纪 50 年代初，一些学者进一步研究了氧气的应用与 RLF 发病的因果关系，他们将出生体重在 3.5 磅（1 磅=0.4536kg）以下的婴儿按入院顺序交替分为两组，第一组给 65%～70%氧气 4～7 周；第二组给 40%氧气 2 周，其他治疗与护理完全相同，并追踪观察其 RLF 发生情况，结果第一组发生 RLF 显著高于第二组，且病情加重（表 8-2 和表 8-3）。后来有些学者应用动物模型试验亦证明了两者之间的因果关系。

表 8-2 不同浓度的氧气治疗与 RLF 关系

组别	婴儿数	发病数	发病率（%）
第一组	28	17	60.71
第二组	37	6	16.21

注：RR=3.75，AR=44.5，AR%=73.30%

表 8-3 两组病例的轻重程度

组别	病例数	RLF 病的程度			
		轻	中	重	失明
第一组	17	3	7	2	5
第二组	6	4	2	0	0

问题 1.10 以上资料属于何种类型的流行病学研究?

问题 1.11 以上资料提供的研究证据在病因推断中的作用是什么?

问题 1.12 根据病因推断标准对资料 4 所提供的资料进行综合评价。

【课题 2】 沙利度胺与短肢畸形

在 1959～1961 年，西欧国家，特别是联邦德国与英国新生儿患短肢畸形明显增加，成为一次先天性畸形流行。估计病例高达万例，遗留数千残疾儿童，是一次灾难性事件。病例主要表现为四肢长骨多处缺损，包括肢体缩短或完全缺少，有缺臂、缺腿，包括指、趾畸形，还能引起无耳、无眼、缺肾、缺胆囊、肛门闭锁及心脏畸形等，并有面神经麻痹或者由于内耳缺损导致的耳聋。现将短肢畸形的流行病学研究概述如下。

【资料 1】 1960 年，有临床医生陆续发现欧洲新生儿畸形率异常升高，这些畸形患儿患有一种少见（在正常妊娠妇女发生率大约是 1/400 万）的海豹肢症，四肢发育不全，短的就像海豹的四个鳍足。1961 年 11 月，一个联邦德国医生 Lenz 发现至少 50%的这些出生后有问题的孩子的母亲都在妊娠前 3 个月服用过沙利度胺。他发出警告，提醒沙利度胺可能会导致畸形。1961 年 12 月 2 日的《柳叶刀》杂志刊登的 Hayman 写给编辑的信，报告了他们收到有关沙利度胺对妊娠早期胚胎可能会产生有害影响的报道。同年 12 月 16 日，该杂志又刊登了 McBride 的信，信中指出一般新生儿中约有 1.5%发生畸形，但他在近几个月内发现服用过沙利度胺的妊娠所产婴儿患多种畸形的发生率高达 20%。其后，一些杂志连续发表了有关这方面的报道。1962 年，Lenz 和 Knapp 报道了这种短肢畸形与沙利度胺的关系。他们指出，在 1961 年联邦德国和一些其他国家发现先天性畸形特别是短肢畸形明显增加。在汉堡，其发生率为全部新生儿的 0.17%。回顾性询问患儿母亲，多有服用过沙利度胺或含沙利度胺成分的药物史。有 1/2 病例只有手臂缺陷，1/4 有手臂和腿缺损，1/6 无耳。怀孕后 27～40 日内服药最危险。他们认为服用沙利度胺是其病因。

问题 2.1 对于不明原因疾病的病因研究应首先开展哪些工作？

问题 2.2 【资料 1】的内容能提出哪些病因线索或病因假设？

问题 2.3 如果希望进一步验证病因假设，应进一步开展什么类型的流行病学研究？

【资料 2】 有学者发现，不同的国家发生短肢畸形病例数与沙利度胺销售量有相关关系。从表 8-4 中可以看到联邦德国和英国沙利度胺的销售量大，而造成本病的发病数亦多。

表 8-4　沙利度胺销售量与短肢畸形病例的地区分布

国家	沙利度胺销售量（kg）	短肢畸形病例数（*n*）
奥地利	207	8
比利时	258	26
英国	5769	349
荷兰	140	25
挪威	60	11
葡萄牙	37	2
瑞士	113	6
联邦德国	30 099	5000
美国	25	17

沙利度胺的销售量与短肢畸形在时间分布上亦有密切联系。Davis 和 Dobbling 提供了这方面的资料（图 8-1），在联邦德国沙利度胺从 1959 年开始在市场上销售，1960 年底和 1961 年初这种短肢畸形病例亦随之上升。两条曲线相隔三个季度，故沙利度胺销售量曲线正与这些病例的目前妊娠期相吻合。1961 年 12 月，沙利度胺已从联邦德国市场撤回，沙利度胺停止出售后，1962 年下半年以后出生的儿童便很少发生这种畸形。

问题 2.4 以上资料属于何种类型的流行病学研究？这类研究有何缺点？

问题 2.5 是否可以根据资料 2 提供的证据确证沙利度胺是短肢畸形的病因？为什么？

问题 2.6 为进一步验证病因，应做哪些工作或补充哪些研究证据？

【资料 3】 Weicker 等在 1962 年报道了他们的回顾性研究。他们调查了 50 个病例的母亲

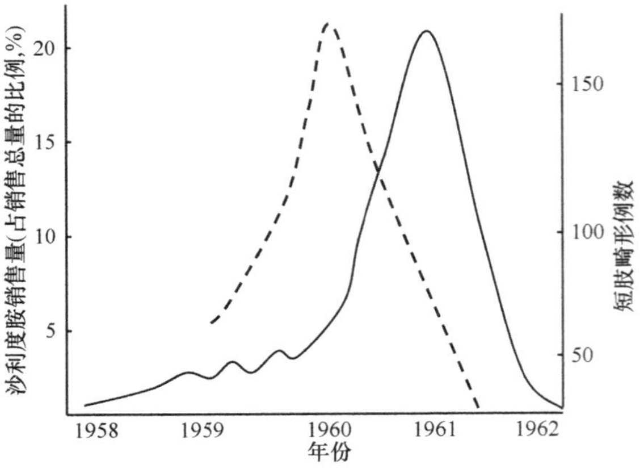

图 8-1 联邦德国沙利度胺销售总量（虚线）与短肢畸形病例数（实线）的时间分布

和 90 个健康婴儿的母亲，发现病例的母亲年龄比对照者大；病例死亡率增高，有较多的流产和死产；病例的母亲是医师、教师和工程师等比对照者多。在分析死因方面，排除了放射线、避孕药、堕胎药、去污剂等因素，只有沙利度胺有意义，结果见表 8-5。

问题 2.7 以上资料属于何种流行病学研究？该研究方法有何优缺点？

【资料 4】 McBride 等在 1963 年报道了一次前瞻性观察，某妇产科曾在孕妇中应用沙利度胺，当沙利度胺被怀疑有致畸作用后，他们立即进行了前瞻性观察，结果见表 8-6。

表 8-5 沙利度胺与短肢畸形的回顾性研究

服用沙利度胺史	病例母亲	对照母亲
有	12	2
无	38	88
合计	50	90
服用沙利度胺史的比例（%）	24.0	2.2

表 8-6 沙利度胺与短肢畸形的前瞻性观察

母亲分组	新生儿数			肢体缺陷发生率（%）
	有肢体缺陷者	无肢体缺陷者	共计	
妊娠 8 周内有服用沙利度胺史者	10	14	24	42.00
妊娠早期无服用沙利度胺史者	51	21 434	21 485	0.24

问题 2.8 以上资料属于何种类型的流行病学研究？

问题 2.9 资料 4 与资料 3 的研究有何区别？请说明他们在病因推断中的作用。

【资料 5】 沙利度胺灾难发生后，一些学者进行了动物实验研究，实验结果表明沙利度胺有明显的致畸作用，而且有明显的种属特异性。最初，一些学者应用大鼠做试验，未能产生畸形，但在小鼠某些品系，在妊娠 8～16 日期间给药能导致典型肢体畸形。Bignami 报道大鼠在妊娠第 12 日时沙利度胺是敏感的，Leck 报道用猴子做试验，诱发的猴子畸形综合征与人类相似。

目前，沙利度胺的致畸机制仍是一个科学之谜。一些研究显示，直接导致胎儿发育异常的并非沙利度胺分子本身，而是其手性异构体经过体内酶催化代谢的毒性产物，啮齿类动物体内没有相应的酶存在，所以在以大鼠为实验对象的毒性试验中，沙利度胺并没有显示出致畸性。但是，并未在体内成功分离到这种所谓的关键毒性代谢产物。沙利度胺的体内代谢与水解产物有上百种，其毒理作用还不清楚。沙利度胺也可能在体内形成对细胞有损害作用的自由基。也有研究显示，沙利度胺分子本身就是罪魁祸首，它能在动物身上抑制新血管的增生，而这对其观点形成很重要。

问题 2.10 以上资料在病因推断中有何作用？

问题 2.11 根据疾病因果推断标准对以上资料进行综合性评价。

（张 莹）

实习 9　筛查试验及其评价

【目的】　掌握筛检及诊断试验目的、方法和评价。

【学时】　3 学时。

【内容】　筛检是早期发现疾病的有效手段；诊断试验是正确判断疾病的手段，是医疗服务的基础。随着科学技术的进步，尤其是高新技术的发展，新的临床筛检和诊断试验层出不穷。诊断试验评价也是临床流行病学中重要组成内容之一，应用临床流行病学的方法对新的诊断试验进行评价研究，将有助于临床医师正确选用各种诊断试验，科学解释诊断试验的各种结果，从而提高诊断水平。筛检是运用快速简便的试验或其他手段，从表面健康的人群中去发现那些未被识别的可疑患者或有缺陷者。筛检试验不是诊断试验，仅是一个初步检查，对筛检试验阳性和可疑阳性的人必须进行确诊检查，再对确诊后的患者进行治疗。筛检和诊断试验的实施需认真考虑应用原则，并应注重对试验方法和效果的评价。

【课题 1】　采用液基薄层细胞制片技术（TCT）筛检宫颈癌，结果如表 9-1 所示。

表 9-1　TCT 筛检宫颈癌的结果

TCT 试验	病理活检（金标准）		合计
	患病	未患病	
阳性	125	40	165
阴性	8	320	328
合计	133	360	493

问题 1.1　真实性指标有哪些？

问题 1.2　可靠性指标有哪些？

问题 1.3　请计算该试验方法的灵敏度、特异度、阳性预测值、阴性预测值和一致率。

【课题 2】　某医生采用尿糖试验开展一次糖尿病的筛检，共检查 580 人。其中糖尿病患者 70 人，非糖尿病患者 510 人，检查结果真阳性 65 人，假阳性 63 人，假阴性 5 人，真阴性 447 人。

问题 2.1　试述筛检的概念。

问题 2.2　试述筛检的目的。

问题 2.3　试述筛检的应用原则。

问题 2.4　请评价尿糖试验的真实性。

【课题 3】　现有一批成年男性准备参加运动锻炼，来医院作体格检查。其中 286 例过去曾有心前区疼痛史。经冠状动脉造影与心电图运动试验检查，获得如下结果：在 162 例显示冠状动脉狭窄（≥75%）者中，心电图运动试验阳性为 134 例，阴性为 28 例。未显示冠状动脉狭窄的 124 例中，心电图运动试验阳性 15 例，阴性 109 例。

问题 3.1　心电图运动试验对诊断冠状动脉狭窄有何意义？

问题 3.2　心电图运动试验的真实性如何？

问题 3.3　心电图运动试验的可靠性如何？

问题 3.4　心电图运动试验的预测值如何？

【课题 4】　AFP 是临床上常用来诊断肝癌的主要指标之一，其灵敏度和特异度均为 99%。如用这种方法来筛查 10 万人群中的肝癌患者，假定该人群肝癌的患病率为 10/10 万。

问题 4.1　试考虑能否根据该方法的假阳性人数和阳性预测值在该人群开展肝癌的筛查？为什么？

问题 4.2　假设在另一地区 50 岁以上的人群用同样的方法进行筛检，人口数为 4 万，其肝癌的患病率为 1000/10 万，请计算在该人群的阳性预测值和阴性预测值。

表 9-2　CPK 诊断心肌梗死的结果

CPK 水平（U/dl）	心肌梗死组	无心肌梗死组
0～	2	88
40～	13	26
80～	30	8
120～	30	5
160～	21	0
200～	19	1
240～	18	1
280～	13	1
320～	19	0
360～	15	0
400～	7	0
440～	8	0
480～	35	0
合计	230	130

问题 4.3　两种不同人群预测值的差异说明了什么？

【课题 5】　1000 名 60 岁以上老年男性进行前列腺特异抗原（PSA）检测，已知该人群前列腺癌的现患率为 10%,患者中有 90 人 PSA 检测异常，非患者中有 80 人 PSA 检测异常。

问题 5.1　试对 PSA 检测方法的真实性进行评价。

问题 5.2　根据上述资料，PSA 检测方法在该人群的诊断价值如何?

【课题 6】　360 名疑似心肌梗死的患者，经“金标准”冠状动脉造影确诊心肌梗死 230 人，为评价血清肌酸激酶试验（CPK），对每个人又进行了 CPK 试验，结果如表 9-20 所示。

问题 6.1　根据表中数据做出 CPK 试验诊断心肌梗死的 ROC 曲线，并确定最佳截断值。

问题 6.2　根据最佳截断值，评价 CPK 试验诊断心肌梗死的真实性、可靠性和预测值。

问题 6.3　请根据表 9-2 说明不同的判断标准对假阳性和假阴性的影响。

问题 6.4　请简要说明确定判断标准的原则。

【课题 7】　脑血流动力学指标（CVHI）检测对脑卒中具有良好的预警效果。由两名资历和经验相当的临床医师分别对 42 名志愿者进行 CVHI 测定，结果如表 9-3 所示。

表 9-3　两名临床医师 CVHI 检测结果

甲医师	乙医师		合计
	≥75 分	＜75 分	
≥75 分	30	1	31
＜75 分	0	11	11
合计	30	12	42

问题 7.1　计算两名医师观察结果的符合率。

问题 7.2　计算两名医师观察结果的 Kappa 值。

【课题 8】　某医生采用尿糖和血糖试验在人群中筛检糖尿病的资料如表 9-4 所示。

问题 8.1　请完成表 9-5。

问题 8.2　请说明联合试验对灵敏度、特异度和预测值有何影响?

表 9-4　尿糖和血糖试验筛检糖尿病的结果

尿糖试验	血糖试验	糖尿病患者	非糖尿病患者
+	–	25	65
–	+	40	150
+	+	33	23
–	–	102	9562
合计		200	9800

表 9-5　尿糖、血糖试验联合筛检糖尿病的结果

试验方法	灵敏度（%）	特异度（%）	阳性预测值（%）	阴性预测值（%）
尿糖试验				
血糖试验				
并联试验				
串联试验				

（袁　慧）

实习 10 疾病监测

【目的】 掌握疾病监测的概念，熟悉疾病监测的种类及疾病监测的一般指标，了解疾病监测的一般工作程序。

【学时】 3 学时。

【内容】 疾病监测是长期地、连续地收集、核对、分析疾病的动态分布和影响因素的资料，并将信息及时上报和反馈，以便及时采取干预措施。疾病的动态分析不仅指疾病的时间动态分布，也包括从健康到发病的动态分布和地域分布。其影响因素包括影响疾病发生的自然因素和社会因素。疾病监测只是手段，其最终目的是预防和控制疾病流行。

【课题 1】 为了解某市手足口病流行病学及病原学分布特征，以便进一步掌握疫情和有效防控措施提供依据，该市自 2009 年以来开展了手足口病疫情的监测。

（1）诊断标准：手足口病临床诊断病例、确诊病例、普通病例和重症病例诊断标准按《手足口病诊疗指南（2008 年版）》执行；2010 年 4 月 21 日后按《手足口病诊疗指南（2010 年版）》执行。

（2）实验室诊断：VP1 全基因序列的扩增：以 EV71-VP1 引物作为扩增引物，采用 RT-PCR Kit 进行扩增。VP1 区域的序列测定和分析：采用 TIAN Quick Mini Purification Kit 进行 PCR 产物的纯化，纯化后的产物采用 BigDye Terminator v3.1 Cycle Sequencing Kit 进行标记。纯化后的标记产物在 ABI PRISM 3730 全自动核酸测序仪上测序，结果用 DNA Star 和 Bioedit 等软件进行分析。

（3）数据报告流程：如果发现确诊病例，临床医生填写传染病报告卡，由医疗机构网络直报人员网络直报。为避免网络数据存在的错报、漏报、重报现象，市疾病预防控制中心（CDC）每日负责网络审核和查重。

问题 1.1 如果由你负责该病疫情的监测，需要做哪些具体工作？该病的监测指标有哪些？监测该病的目的是什么？

问题 1.2 对于该中心手足口病的监测工作，你有何看法？如果让你做以上几个指标的检测，你打算如何去做？具体操作步骤怎样？如何进行下一步工作？

【课题 2】

（1）流行概况：2009～2013 年该市共报告手足口病病例 30 669 例，年均发病率为 106.02/10 万。5 年间累计报告重症病例 191 例，重症率 0.62%；报告死亡 13 例，占重症病例数总数的 6.81%，病死率为 0.04%。2009 年发病率最低为 50.47/10 万，随后呈现逐年上升趋势，2010 年上升幅度高达 118.45%，至 2012 年发病率最高为 168.96/10 万。2013 年发病率下降明显，同比下降 46.57%，但仍高于 2009 年发病水平，见表 10-1。

表 10-1　2009～2013 年某市手足口病疫情表

年份	发病数	发病率（1/10 万）	同比（%）	定基比（%）
2009	3121	50.47	—	100.00
2010	6813	110.26	118.45	218.45
2011	6182	110.16	–0.09	99.91
2012	9517	168.96	53.37	153.37
2013	5036	90.27	–46.57	53.43
合计	30 669	106.02	—	—

（2）时间分布：2009～2013 年手足口病病例时间流行趋势显示，该病全年各月均有病例报告，总体呈现两个发病高峰，小高峰为每年 4～5 月，大高峰为每年 11～12 月。两个高峰累计发病 14 610 例，占全部病例数的 47.64%。每年发病数自 3 月开始明显升高，4～5 月达到最高峰，随后病例数开始下降。除 2009 年和 2010 年外，其余年份自 9 月份开始病例数开始增加，至 11～12 月出现另一发病高峰，见图 10-1。将 1～12 月的手足口病病例数按照高发、中发、低发分为 3 类：高发月份为 4～5 月，平均每月报告 857 例；中发月份为 3 月、6 月、7 月、9 月、10 月、11 月和 12 月，平均每月报告 529 例；低发月份为 1 月、2 月和 8 月，平均每月报告 239 例。

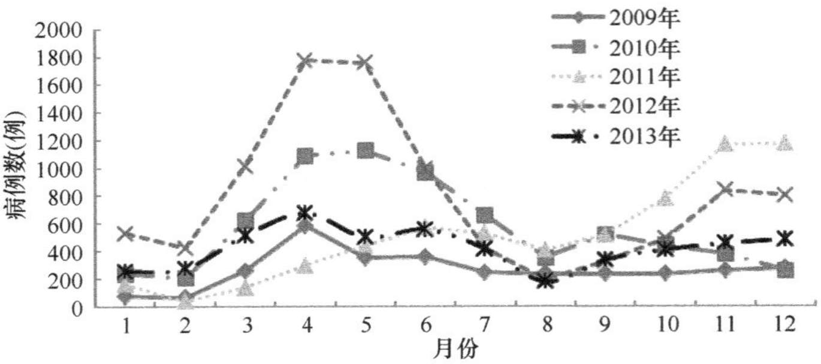

图 10-1　2009～2013 年某市手足口病时间分布图

（3）地区分布：各县区均有手足口病病例报告，其中 HQ 县报告病例数最多为 10 029 例，其次为 S 县 6 591 例，两县病例数占总病例数的 54.19%。将 7 个县区的发病率按照高发、中发、低发分为 3 类：高发地区为 HQ 县和 JZ 县，发病率为 43.17/10 万～245.25/10 万；中发地区为 JA 区、YA 区、SC 县和 S 县，发病率为 38.11/10 万～189.47/10 万；低发地区为 HS 县，发病率为 10.08/10 万～70.94/10 万，见表 10-2。

表 10-2　2009～2013 年某市手足口病地区分布疫情表

地区	发病数	平均年发病率（1/10 万）
JA 区	3511	90.12
YA 区	3449	80.77
S 县	6591	122.63
HQ 县	10 029	140.84
SC 县	3333	82.06
JZ 县	3204	117.69
HS 县	546	31.37
不详	6	0.00
合计	30 669	105.08

（4）人群分布：5 年累计报告男性病例 20 756 例，女性 9913 例，男女性别比为 2.09：1，男性发病高于女性，年均发病率分别为 140.69/10 万和 69.98/10 万。职业分布前三位的为散居儿童、幼托儿童和学生，分别报告 25 601 例、4058 例和 937 例，3 个职业病例数占发病总数的 99.76%。病例主要集中在 5 岁以下年龄组，累计报告 28 097 例，占总病例数的 91.61%，尤其是 3 岁以下年龄组（20 866 例），占总病例数的 68.04%。其中，1～2 岁、2～3 岁和 3～4 岁年龄组年均发病率最高，分别为 2504.29/10 万、2240.71/10 万和 1 377.26/10 万。

（5）重症和死亡病例：重症病例累计报告 191 例，死亡 12 例，占重症数的 6.82%。累计报告死亡病例 13 例，均为 3 岁以下农村地区散居儿童，其中男性 10 例，女性 3 例。重症手足口病患者中性别为男性、年龄<3 岁、职业为散居儿童，见表 10-3。

表 10-3　2009～2013 年某手足口病重症病例特征比较

变量	病例数（n=30 669）	重症病例数（n=191）	发生率（%）
性别			
男性	20 756	145	0.70
女性	9913	46	0.46
年龄组			
<3 岁	21 082	160	0.76
≥3 岁	9587	31	0.32
职业			
散居儿童	25 600	172	0.67
其他	5069	19	0.37

（6）病原学特征：5 年间共报告实验室确诊手足口病 654 例，主要病原类型为 EV71，共检测出阳性病例 411 例，占确诊病例总数的 62.84%；CoxA16 阳性病例 96 例，占确诊病例总数的 14.68%；其他肠道病毒阳性病例 147 例，占确诊总数的 22.48%。2009～2013 年实验室确诊的手足口病中，EV71 均为主要病原，2010 年所占比例高达 79.15%。不同年龄组均以 EV71 感染为主，1～2 岁年龄组 EV71 感染比例最大为 75.95%，≥5 年龄组最小为 48.48%；手足口病重症病例 EV71 阳性率为 95.68%，轻症病例 EV71 阳性率仅为 53.98%，见表 10-4。

表 10-4　2009～2013 年某市手足口病实验室确诊病例病原学监测结果

变量	病例数	EV71	CoxA16	其他肠道病毒	χ^2	P 值
年份						
2009	8	6（75.00）	0（0.00）	2（25.00）	77.084	0.000
2010	235	186（79.15）	18（7.66）	31（13.19）		
2011	177	82（46.33）	43（24.29）	52（29.38）		
2012	156	97（62.18）	31（19.87）	28（17.95）		
2013	78	40（51.28）	4（5.13）	34（43.59）		
地区						
寿县	215	143（66.51）	26（12.09）	46（21.40）	57.572	0.000
霍邱县	81	64（79.01）	3（3.70）	14（17.28）		
舒城县	42	37（88.10）	1（2.38）	4（9.52）		
金寨县	132	68（51.52）	21（15.91）	43（32.58）		
霍山县	54	27（50.00）	15（27.78）	12（22.22）		
金安区	65	42（64.62）	9（13.85）	14（21.54）		
裕安区	65	30（46.15）	21（32.31）	14（21.54）		
年龄（岁）						
<1	62	43（69.35）	6（9.68）	13（20.97）	32.690	0.000
1～	158	120（75.95）	10（6.33）	28（17.72）		
2～	181	102（56.35）	27（14.92）	52（28.73）		
3～	119	75（63.03）	25（21.01）	19（15.97）		
4～	68	39（57.35）	12（17.65）	17（25.00）		
≥5	66	32（48.48）	16（24.24）	18（27.27）		

续表

变量	病例数	EV71	CoxA16	其他肠道病毒	χ^2	*P* 值
发病季节[a]						
春季	243	152（62.55）	39（16.05）	52（21.40）	9.598	0.143
夏季	190	131（68.95）	19（10.00）	40（21.05）		
秋季	145	81（55.86）	29（20.00）	35（24.14）		
冬季	76	47（61.84）	9（11.84）	20（26.32）		
病例类型						
轻症	515	278（53.98）	94（18.25）	143（27.77）	81.538	0.000
重症	139	133（95.68）	2（1.44）	4（2.88）		

注：a 按照发病月份，3～5 月为春季，6～8 月为夏季，9～11 月为秋季，12 月～翌年 2 月为冬季

括号外为例数，括号内为比例（%）

（7）EV71 病毒 VP1 区核苷酸和氨基酸同源性分析：2009～2012 年分别随机选取部分实验室确诊 EV71 阳性病例咽拭子标本进行 VP1 区全基因序列测定，最终成功测定 23 株（2009～2012 年分别为 4 株、8 株、7 株和 4 株）。从 GenBank 检索各基因（亚）型的 VP1 序列，用 Megalign 进行同源性分析。结果显示，23 株 EV71 病毒 VP1 区核苷酸序列长度均为 891bp，编码 297 个氨基酸；EV71 病毒 VP1 区核苷酸序列与 A、B、C 型的核苷酸同源性分别为 82.3%～83.6%、83.1%～85.2%和 83.3%～99.4%，尤其是与 C4a 亚型同源性达到 94.5%～99.4%，高于其他各亚型；其氨基酸序列与 A、B、C 型的氨基酸同源性分别为 95.6%～97.0%、95.6%～98.0%和 96.3%～100.0%，各型差异不大，但与 C4a 亚型同源性最高，为 98.3%～100.0%。

问题 2.1 根据该市疾病预防控制中心对本病监测的结果，你认为该病的流行主要特点有哪些？为何会有此流行特点？如何有针对性地采取预防措施？

问题 2.2 从本病的监测来看，你认为疾病监测应该包括哪些内容？对疾病监测的结果应该如何处理？如何利用疾病监测的结果对该病流行规律进行预测？

问题 2.3 如果监测的疾病是非传染病性疾病，监测的内容应包括哪些？具体工作程序如何？筛检的应用原则是什么？

问题 2.4 通过本课题的学习，请你制订本地区疾病监测计划。

（文育锋）

实习 11 慢性非传染性疾病预防与控制

【目的】 掌握慢性非传染性疾病的定义及预防控制措施；熟悉我国慢性非传染性疾病的流行趋势；了解常见慢性非传染性疾病的发病及流行特征。

【学时】 2 学时。

【内容】 慢性非传染性疾病（以下简称慢性病）是一组潜伏期长、一旦发病不能自愈且很难治愈的非传染性疾病。广义上讲，慢性病指由于长期紧张疲劳、不良的生活习惯、有害的饮食习惯、环境污染物的暴露、忽视自我保健和心理应变失衡等病因逐渐积累相互加强而发生的疾病。慢性病具有以下特点：多为常见病，多发病；发病隐匿，潜伏期长；包括遗传因素在内的生物危险因素、环境危险因素和行为危险因素等多种因素共同致病，个人生活方式对发病有重要影响，因果关系可以一果多因，也可以是一因多果，相互关联，一体多病；增长速度加快，发病呈年轻化趋势。

我国慢性病有以下特点：①发病率与死亡率居高不下；②危险因素流行日益严重；③疾病负担不堪重负。

慢性病发病率和死亡率迅速上升，必然导致巨额的医疗负担，给国家和个人带来巨大损失。尤其是慢性病的发病年龄主要在中年人群，导致大量的劳动力损失，必须制订有效的慢性病防治策略来遏制慢性病的流行。慢性病的发生、发展是漫长的过程，因而慢性病预防控制的策略和措施就应该从预防疾病、治疗疾病或减少并发症、缓解症状、提高生活质量等方面着手。

【课题 1】 《中国居民营养与慢性病状况报告（2015 年）》——我国居民慢性病状况

1.1 重点慢性病患病情况

2012 年全国 18 岁及以上成人高血压患病率为 25.2%，糖尿病患病率为 9.7%，与 2002 年相比，患病率呈上升趋势。40 岁及以上人群慢性阻塞性肺疾病慢阻肺患病率为 9.9%。根据 2013 年全国肿瘤登记结果分析，我国癌症发病率为 235/10 万，肺癌和乳腺癌分别位居男、女性发病首位，10 年来我国癌症发病率呈上升趋势。

1.2 重点慢性病死亡情况

2012 年全国居民慢性病死亡率为 533/10 万，占总死亡人数的 86.6%。心脑血管病、癌症和慢性呼吸系统疾病为主要死因，占总死亡因的 79.4%，其中心脑血管病死亡率为 271.8/10 万，癌症死亡率为 144.3/10 万（前 5 位分别是肺癌、肝癌、胃癌、食管癌、结直肠癌），慢性呼吸系统疾病死亡率为 68/10 万。经过标化处理后，除冠心病、肺癌等少数疾病死亡率有所上升外，多数慢性病死亡率呈下降趋势。

1.3 慢性病危险因素情况

我国现有吸烟人数超过 3 亿，15 岁以上人群吸烟率为 28.1%，其中男性吸烟率高达 52.9%，非吸烟者中暴露于二手烟的比例为 72.4%。2012 年全国 18 岁及以上成人的人均年乙醇摄入量为 3L，饮酒者中有害饮酒率为 9.3%，其中男性为 11.1%。成人经常锻炼率为 18.7%。吸烟、过量饮酒、身体活动不足和高盐、高脂等不健康饮食是慢性病发生、发展的主要行为危险因素。经济社会快速发展和社会转型给人们带来的工作、生活压力，对健康造成的影响也不容忽视。

慢性病的患病、死亡与经济、社会、人口、行为、环境等因素密切相关。一方面，随着人们生活质量和保健水平不断提高，人均预期寿命不断增长，老年人口数量不断增加，我国慢性病患者的基数也在不断扩大；另一方面，随着深化医药卫生体制改革的不断推进，城乡居民对医疗卫生服务需求不断增长，公共卫生和医疗服务水平不断提升，慢性病患者的生存期也在不断延长。慢性病患病率的上升和死亡率的下降，反映了国家社会经济条件和医疗卫生水平的发展，是国民生活水平提高和寿命延长的必然结果。当然，我们也应该清醒地认识到个人不健康的生活方式对慢性病发病所带来的影响，综合考虑人口老龄化等社会因素和吸烟等危险因素现状及变化趋势，我国慢性病的总体防控形势依然严峻，防控工作仍面临着巨大挑战。

1.4 慢性病防控策略与措施

党中央、国务院高度重视居民营养改善与慢性病防治工作，国家卫生与计划生育委员会及有关部门采取有力的措施，积极遏制慢性病高发态势，不断改善居民营养健康状况。

（1）始终坚持政府主导、部门协作，将营养改善和慢性病防治融入各项公共政策：多部门在环境整治、烟草控制、体育健身、营养改善等方面相继出台了一系列公共政策。2011 年国家卫生与计划生育委员会启动了慢性病综合防控示范区建设，目前已在 30 个省份和新疆生产建设兵团建成 265 个国家级示范区。落实政府和部门职责，在提供健康性支持环境方面发挥了重要作用。

（2）着力构建上下联动、防治结合、中西医并重的慢性病防治体系和工作机制：国家层面相继成立了中国疾病预防控制中心慢性非传染性疾病预防控制中心、营养与健康所和国家心血管病中心、国家癌症中心，协同指导全国营养改善与慢性病防治工作。地方层面强化了疾病预防控制机构、医院和基层医疗卫生机构的分工合作，建立防治结合、中西医结合、双向转诊等协作机制，积极地探索慢性病全程防治管理服务模式，推进分级诊疗制度，整体提升慢性病的诊疗能力，夯实慢性病的公共卫生服务均等化和有效地诊疗服务。

（3）积极推进慢性病综合防治策略：广泛开展健康宣传教育，全民健康生活方式行动覆盖全国近 80%的县区，积极实施贫困地区儿童和农村学生营养改善、癌症早诊早治、脑卒中、心血管病、口腔疾病筛查干预等重大项目，以及中医“治未病”健康工程。

（4）不断提高慢性病防治决策的科学性：国家卫生与计划生育委员会不断完善营养与慢性病监测网络，扩展监测内容和覆盖范围，相继开展居民死因监测、肿瘤随访登记、营养与慢性病监测等工作，为掌握我国居民营养与慢性病状况及其变化趋势、评价防治效果、制定防治政策提供科学依据。

问题 1.1 什么是慢性病？

问题 1.2 慢性病具有哪些特点？

问题 1.3 结合上述材料，谈谈导致我国慢性病患病率增高的原因可能有哪些？

问题 1.4 慢性病的预防控制措施有哪些？

【课题 2】 我国慢性病流行状况

2.1 背景

改革开放以来，我国社会经济的巨大发展显著提高了人民的生活水平。与此同时，人们的生活方式、医疗环境及居住环境也在发生巨变。影响人民健康的疾病谱已由以传染性疾病为主转变为以慢性病为主。以心血管疾病、恶性肿瘤、糖尿病和慢阻肺为主的慢性病死亡，已占我国居民总死亡的 86.6%。高血压、糖尿病、脑血管病、冠心病等主要慢性病的患病率不断攀升，慢性病相关危险因素流行水平总体呈现上升趋势或居高不下。为遏制或降低慢性病对全球健康的影响，世界卫生组织颁布了《预防控制慢性非传染性疾病全球行动计划（2013—2020）》，用以指导各国加强慢性病预防和控制。我国政府近年来也从防治规划的制订、部门协作、防治研究支持、常规监测等各方面着力加强慢性病防控。

2.2 我国慢性病负担日益严重

2.2.1 主要慢性病患病率/发病率不断上升，带病生存人群规模持续扩大

几十年来，我国成年人慢性病患病率迅速上升，高血压患病率由 1959 年的 5.1%（≥15 岁）

攀升至 2012 年的 25.2%（≥18 岁）（图 11-1），糖尿病患病率则由 1980 年的不足 1%上升至 2013 年的 10.4%（≥18 岁）。国家卫生服务调查结果显示，我国人群脑血管病自报患病率由 1993 年的 4.0‰上升至 2008 年的 9.7‰，冠心病自报患病率由 2003 年的 4.6‰上升至 2008 年的 7.7‰。估计我国目前有高血压患者 2.7 亿，糖尿病患者至少 1 亿，现患脑卒中患者至少 700 万，心肌梗死患者 250 万，心力衰竭患者 450 万。

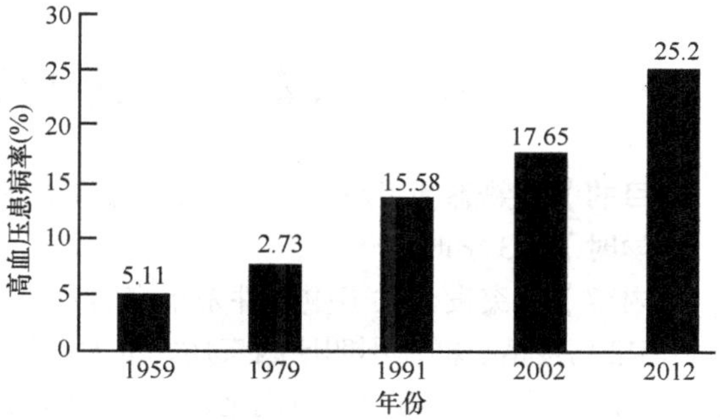

图 11-1　我国 1959～2012 年人群高血压患病率

1959～2002 年≥15 岁居民高血压患病率数据来源于《中国心血管病报告 2015》；2012 年≥18 岁居民高血压患病数据来源于《中国居民营养与慢性病状况报告 2015》。所有患病率为当年人群估计患病率

据国家癌症中心《2015 年中国癌症统计》显示，2015 年我国估计新发恶性肿瘤病例 429.2 万例。2000～2011 年，男性恶性肿瘤发病率相对稳定（年增长率为 0.2%，P=0.1），但女性恶性肿瘤发病率明显上升（年增长率为 2.2%，P＜0.05）。2013 年，我国成人居民超重率和肥胖率分别达到 32.4%和 14.1%，较 2002 年分别上升 9.6%和 7.0%，估计超重和肥胖者超过 4 亿。高胆固醇血症和高低密度脂蛋白胆固醇血症的患病率分别为 7.1%和 8.0%，总胆固醇和低密度脂蛋白胆固醇水平较 2002 年均有所上升。

2.2.2　慢性病死亡率总体下降，但在死因构成中所占比例不断增加

全球疾病负担（Global Burden of Disease）最新研究结果显示，1990～2015 年，在我国居民慢性病死亡率由 856.91/10 万下降至 635.55/10 万（下降 25.7%）的情况下，心血管疾病、恶性肿瘤及慢阻肺死亡在死因构成中所占比例大幅上升（表 11-1）。

表 11-1　1990～2015 年我国居民前 5 位死因死亡率（1/10 万）及构成比

顺位	1990 年			2015 年		
	疾病	死亡率（1/10 万）	构成(%)	疾病	死亡率（1/10 万）	构成（%）
1	心血管疾病	214.71	27.99	心血管疾病	276.81	40.63
2	恶性肿瘤	134.88	17.58	恶性肿瘤	169.41	24.86
3	慢阻肺	120.66	15.73	慢阻肺	69.23	10.16
4	腹泻、下呼吸道等感染性疾病	62.84	8.19	糖尿病等内分泌疾病	25.38	3.72
5	意外伤害	40.01	5.22	交通伤害	23.53	3.45

2.2.3　慢性病相关医疗费用持续增长，造成的社会经济损失巨大

据世界银行疾病负担研究估计，如果政府不改善对慢性病的应对，2005～2015 年，心血管疾病、卒中和糖尿病为中国造成的经济损失为 5500 亿美元。自 2010 年起，未来 30 年内，如果每年能够使心血管疾病死亡率降低 1%，其总体净经济效益相当于 2010 年中国国内生产总值的 68%，或 10.7 万亿美金（按购买力平价计）。另据国家统计数据显示，2013 年我国卫生总费用为 31 869 亿元，仅高血压的直接经济负担即占 6.61%。

问题 2.1　什么是疾病监测？

问题 2.2　疾病监测在慢性病防控中有何作用？

问题 2.3　简述我国慢性病的流行趋势。

问题 2.4　什么是三级预防？谈谈三级预防在控制慢性病中的作用。

（沈　冲　彭　辉）

实习 12 突发公共卫生事件调查

【目的】 熟悉和了解突发公共卫生事件的基本调查方法、步骤及其资料分析方法。

【学时】 3 学时。

【内容】 突发公共卫生事件是指突然发生、造成或者可能造成社会公众健康严重损害的重大传染病疫情、群体不明原因疾病、重大食物和职业中毒，以及其他严重影响公众健康的事件。近年来，随着城市化、现代化、全球一体化进程的不断加快，全球各类突发公共卫生事件频繁发生。突发公共卫生事件的表现形式多种多样、影响范围广、危害严重，可对社会各方面产生暂时或长远的影响。因此，对突发公共卫生事件进行调查，分析突发事件的时间、地点和人群分布及其影响因素，有助于尽快查明突发事件的发生原因、发展规律，迅速建立应急反应体系和制订救援措施。调查是突发公共卫生事件流行病学研究的起点，也是处理好某一具体突发事件的关键一步，决定着后继工作的成败与否。突发公共卫生事件通常起初原因不明且发展迅速，调查人员应根据现场的具体情况，采取一定的调查方法和步骤，才能收集到较为完整的信息，有针对性提出有效的控制措施。

【课题 1】 2013 年 3 月底在上海市和安徽省两地率先发现 H7N9 型禽流感。在随后的几个月里，疫情迅速蔓延。中国的其他地区也相继报告发现禽流感病例。2013 年 4 月经调查，H7N9 禽流感病毒基因来自于东亚地区野鸟和中国上海市、浙江省、江苏省鸡群的基因重配。截至 2016 年 1 月 10 日，全国已确诊 134 人，37 人死亡，76 人痊愈。病例波及中国的 11 个省市，其中 80%发生在上海市、江苏省和浙江省，对社会公众的健康和社会经济造成了极其严重的影响。

问题 1.1 案例介绍的是一次典型的突发公共卫生事件，根据案例的特点，归纳总结什么是突发公共卫生事件?

问题 1.2 为什么说 H7N9 是突发公共卫生事件? 它具备了怎样的基本特征?

问题 1.3 案例所介绍的是一次传染病疫情引发的突发公共卫生事件，还有哪些情况会引起突发公共卫生事件?

【课题 2】 2015 年 5 月 16 日下午，西安市 28 名儿童先后出现疑似食物中毒症状，后得知孩子们都食用了一家被称作“鲜奶吧”制作的冰淇淋。多名家长反映孩子吃了同一家“鲜奶吧”的冰淇淋后出现呕吐、腹泻、高热等症状，这些孩子都是碑林区铁五小学的学生，为不同年级和不同班级。随后，家长向辖区派出所、食品药品监督管理局及卫生部门举报。随后几日，不断有家长反映类似的情况。

问题 2.1 按食物中毒的调查处理原则，你认为食物中毒的暴发调查必须包括哪些工作?

问题 2.2 此次暴发的原因是什么?

【课题 3】 2015 年 1 月 16 日傍晚 5 点多钟，江苏省高邮市城南新区有 20 多名群众吃了路边摊上的烧饼后，陆续出现呕吐、腹泻等不同程度中毒现象。中毒的市民大都是在附近工厂上班的工人，由于晚上要加班，不少工人吃点烧饼充饥，最小中毒者仅 8 个月大。事发后，高邮 120 急救中心将这些疑似中毒患者送往市区医院抢救。目前，经医院救治，中毒人员生命体征平稳，无人员死亡。17 日，该市职能部门发布消息称，经卫生部门检验和医院诊治，这些患者初步被认定为亚硝酸盐中毒。

问题 3.1 你是否认为应立即采样? 应该采集哪些样本?

问题 3.2 为了减少此类食物中毒事件的发生，我们应该采取怎样的预防措施?

问题 3.3　突发公共卫生事件的应急准备应该包括哪些内容？

【课题 4】　2004 年 10 月 4 日上午，G 乡党委书记匆忙地赶到 L 县县委报告：该乡 M 村 10 月 3 日向乡政府报告，村内有 5 名群众不明原因急性死亡。县委立即将此事转给当地疾病预防控制中心，要求立即派专业防疫人员到现场进行核实。县政府同时向州政府报告了疫情。该村现有牧户 37 户，牧民 232 人。由于该乡尚未通电及电话，因此无法从现场直接与外界联系。

问题 4.1　对这样一次不明原因的急性死亡疫情，若由你组织调查，你计划如何进行调查？应做好哪些准备工作？

问题 4.2　你认为此阶段最需要了解什么信息？怎么去获取相关信息？

【课题 5】　2005 年 6 月下旬以来，四川省某市相继发生了以急性起病、高热、伴有头痛等全身中毒症状的病例，重者以中毒性休克、脑膜炎为主要临床表现。7 月 16 日起，发病病例明显增多，22 日达到高峰，19～25 日发病率稳定在较高的水平，7 月 28 日开始下降，累计发生病例 204 例，死亡 38 例。这些病例临床上起病急，多为突起高热，肢体远端部位出现瘀点、瘀斑，早期多伴有胃肠道症状、休克，病情进展快，很快转入多器官衰竭，如呼吸窘迫综合征、心力衰竭、弥散性血管内凝血和急性肾衰竭等，预后较差，病死率极高。

问题 5.1　针对这种原因未明的疾病，假如派你去现场进行处理疫情，你准备首先做哪些工作？组织哪些专业的专家前往现场？

问题 5.2　暴发调查的基本步骤有哪些？

问题 5.3　可以运用哪些流行病学方法进行调查？如何进行流行病学调查？

【课题 6】　2005 年 7 月 11 日，四川省资阳市某区疾病预防控制中心接到资阳市第三人民医院报告：收治 1 例疑似流行性出血热患者。7 月 12 日下午，区疾病预防控制中心接到资阳市第三人民医院报告“再次收治 1 例疑似流行性出血热患者，病危”。

问题　面对这一突发公共卫生事件，应如何在紧急应对处置的同时展开调查？请结合该实例叙述调查的一般程序和步骤。

【课题 7】 1972 年 7 月下旬，上海市郊县广大地区，突然发生大量的皮炎病例，形成暴发流行，各县流行轻重不等，市区内同时有散发病例。病例总数尚难完全统计，受害者当以 10 万计，流行过程约为 3 个月。像这样大规模的皮炎流行，在医学史上从未见过。该病的主要症状是突然在身体的一定部位，主要是两臂、胸背、腹及大腿等处出现皮疹，以丘疹为主，患者奇痒难忍，一般历时数日可自愈，但也有延长至十余日的。自 7 月初开始有散发病例，7 月下旬至 8 月中旬出现流行高峰，以后病例减少，但至 9 月下旬又出现一个流行余波。皮炎使患者感到奇痒，影响工作和休息。患者绝大多数是工人和农民。外来商船进吴淞口的次日即有海员患上此病。

问题 7.1　对于这样一次皮炎暴发流行，若由你来组织调查，你准备如何着手进行调查？

问题 7.2　突发公共卫生事件的应急准备应该包括哪些内容？

问题 7.3　举例说明我国应对突发公共卫生事件制定的政策有哪些？

（庄　勋）

实习 13　消毒与效果评价

【目的】 了解常用消毒技术及用途，熟悉消毒效果评价方法；掌握消毒技术应用原则。

【学时】 3～6 学时。

【内容】 消毒是进行疾病预防与控制的重要措施，在控制传染病暴发流行时尤为突出。消毒的任务是将病原微生物消灭于外环境中，切断传播途径，控制传染病的播散，从而达到保护人群健康的目的。经消毒处理后，处理物品是否达到预期的消毒目标，应当通过试验进行评价。消毒效果的评价分为实验室试验、模拟现场试验和现场试验三大类。其中，实验室试验是指在实验室内采用规定的微生物作为测试微生物，测试消毒灭菌方法对试验微生物的杀灭能力。必要时还需评价影响因素对其微生物杀灭作用的影响。

【课题 1】 常用消毒方法及设备、药品的示教。观察各类消毒方法的示教设备、药品，记录其特点。

问题 1.1 消毒与灭菌、消毒剂与灭菌剂的概念是什么?

问题 1.2 消毒剂的种类及作用机制是什么?

【课题 2】 常用消毒剂配制

2.1　消毒剂浓度的表示方法

消毒剂溶液浓度的表示应以有效成分的含量为准。常用百分浓度和百万分浓度表示。

（1）百分浓度：每一百份消毒剂溶液中含有效成分的份数，符号是“%”。百分浓度中的重量百分浓度（g/100g）即 100g 消毒剂溶液中含有效成分的克数。容量百分浓度（ml/100ml）即 100ml 消毒剂溶液中含有效成分的毫升数。重量容量百分浓度（g/100ml）即 100ml 消毒剂溶液中含有效成分克数。

（2）百万分浓度：每一百万份消毒剂溶液中，含有效成分的份数，单位是 mg/L。

2.2　固体消毒剂配制溶液

$$C=m/(M\times V) \quad m=C\times V\times M$$

m 为物质的量（g）；C 为摩尔浓度（mol/L）；V 为溶液的体积（L）；M 为相对分子质量（g/mol）

2.3　消毒剂溶液稀释时的换算

$$C1 \times V1 = C2 \times V2$$

$C1$ 为原液浓度（%）；$C2$ 为拟稀释浓度（%）；$V1$ 为原液容量（ml）；$V2$ 为稀释液容量（ml）。

2.4　紫外线杀菌剂剂量的计算

$$K=I\times T$$

K 为紫外线杀菌剂的剂量（$\mu W\cdot s/cm^2$）；I 为照射强度（$\mu W/cm^2$）；T 为照射时间（s）。

问题 2.1 什么是消毒剂的有效成分?

问题 2.2 配制 0.5%过氧乙酸 1000ml，需 20%过氧乙酸多少毫升，加水多少毫升?

问题 2.3 某物体表面怀疑污染了大肠杆菌，作者采用紫外线强度为 70$\mu W/cm^2$，持续照射 30min 进行消毒，能否达到消灭大肠杆菌的效果?（已知物品表面大肠杆菌消毒灭菌标准：紫外线照射剂量≥20 000$\mu W\cdot s/cm^2$）

【课题 3】 过氧乙酸表面消毒效果评价

3.1　材料

大肠杆菌（8099）新鲜培养菌液（1×10^8～5×10^8cfu/ml）、0.05%过氧乙酸溶液（喷雾剂，为消毒剂）、采样液（在 PBS 中加入相应的中和剂）、稀释液（含 0.1%吐温 80 的 PBS 溶液）、中和剂（0.5%～1%无菌硫代硫酸钠溶液）、已融化并冷却至 45℃的灭菌营养琼脂、无菌棉拭、1ml 无菌吸管、规格板（用不锈钢材料制备，中央留一个 5.0cm×5.0cm 的空格作为采样部位）、无菌平皿。

3.2 方法

（1）以人工染菌实物为消毒对象。在无特殊要求情况下，可用木制桌面为代表，进行消毒效果观察。

（2）染菌时，选物品较平的部位，于规格板中央空格，用无菌棉拭沾以菌悬液均匀涂抹被试表面的区域（为 $25cm^2$）。待自然干燥后进行消毒试验。分别设 2 个阳性对照区、2 个试验区。

（3）消毒前，将无菌棉拭于含 5ml 稀释液试管中沾湿，对 2 个阳性对照组区块涂抹采样，每区块横竖往返各 8 次。采样后，以无菌操作方式将棉拭采样端剪入原稀释液试管内，振打 80 次，用稀释液做适当稀释后，作为阳性对照组样本。

（4）将消毒剂喷于试验区进行消毒。消毒后，将无菌棉拭于含 5ml 采样液试管中沾湿，分别对 2 个消毒区块进行涂抹采样，每区块横竖往返各 8 次。采样后，以无菌操作方式将棉拭采样端剪入原采样液试管内，电动混匀器振荡 20s 或振打 80 次，作为消毒组样本。

（5）试验结束后，将用过的同批次中和剂、稀释液各 1.0ml 接种培养基，作为阴性对照组样本。

（6）将阳性对照组、阴性对照组和消毒组样本，每份吸取 1.0ml，以琼脂倾注法接种平皿，每个样本接种 2 个平皿，放 37℃恒温箱中培养 48h，观察最终结果。

（7）计算各组的活菌浓度（cfu/ml），换算为对数值（N），并按下式计算杀灭对数值：

杀灭对数值（KL）=对照组平均活菌浓度的对数值（N_0）–实验组活菌浓度对数值（N_x）

计算杀灭对数值时，取小数点后两位数，最后一位数可以进行数字修约。

3.3 评价

试验重复 3 次，阳性对照组检测菌量应在 1.25×10^7～1.25×10^8cfu/样本（相当于 5×10^5～5×10^6cfu/cm^2），阴性对照组无菌生长，所有样本的杀灭对数值均≥3，可判为消毒合格。

问题 3.1 硫代硫酸钠的作用是什么？

问题 3.2 通过试验，评价紫外线对指示菌的杀灭效果。

【课题 4】 紫外线物体表面消毒效果评价

4.1 材料

大肠杆菌（8099 或 ATCC 25922）、普通 30W 直管型紫外线灯、紫外线强度测定仪、染菌载体（0.5cm×1.0cm 大小的玻片）、洗脱液。

4.2 方法

（1）物理学检测方法：在室温为 20～25℃的使用情况下，以灯管与消毒对象的实际距离测定紫外线的照射剂量。计算照射剂量。

（2）生物学检测方法：开启紫外线灯 5min 后，将 8 个染菌玻片平放于灭菌器皿中，水平放于适当距离照射，于 4 个不同间隔时间各取出 2 个染菌玻片，分别投入 2 个盛有 5ml 洗脱液（1%吐温 80，1%蛋白胨生理盐水）试管中，振打 80 次或振摇。适当稀释后，取 0.5ml 洗脱液，作平板倾注，每个染菌玻片接种 2 个，放 37℃培养 48h 作活菌计数。取 2 个染菌玻片阳性对照，分别投入 2 个盛有 5ml 洗脱液中振打 80 次，除不作照射处理外，适当稀释后，取 0.5ml 洗脱液，作平板倾注，每个染菌玻片接种 2 个，放 37℃培养 48h 作活菌计数。

4.3 评价

（1）物理学检测方法：在电压 220V 时，普通 30W 直管型紫外线灯，在室温为 20～25℃的使用情况下，253.7nm 紫外线辐射强度（垂直 1m 处）应≥70μW/cm^2。表面消毒接受的照射剂量应达杀灭目标微生物所需。对大肠杆菌，照射剂量应达到 20 000μW·s/cm^2，对枯草杆菌黑色变种芽孢应达到 100 000μW·s/cm^2。达物理学检测标准时，作为消毒合格的参考标准。

（2）生物学检测方法：对指示菌杀灭率≥99.9%判为消毒合格。

$$杀灭率=\frac{对照组平均活菌数（cfu/ml）-试验组平均活菌数（cfu/ml）}{对照组平均活菌数（cfu/ml）}$$

问题 4.1 紫外线消毒的原理是什么？可应用在哪些地方？

问题 4.2 紫外线消毒时需要注意的问题有哪些？

问题 4.3 紫外线消毒的效果评价方法有哪些？

问题 4.4 通过试验，评价紫外线对指示菌的杀灭效果。

【课题 5】 使用中消毒液污染情况检查

5.1 材料

1.0ml 无菌吸管、中和剂、普通琼脂平板、无菌生理盐水、采样管、灭菌平皿、已熔化的 45～48℃的灭菌营养琼脂。

5.2 方法

（1）涂抹法：用无菌吸管吸取消毒液 1.0ml，加入 9.0ml 含有相应中和剂的采样管内混匀，用无菌吸管吸取上述溶液 0.2ml，滴于干燥普通琼脂平板，每份样品同时做 2 个平行样，一平板置 20℃培养 7 日，观察霉菌生长情况，另一个平板置 35℃温箱培养 72h 记数菌落数。

消毒液染菌量（cfu/ml）=每个平板上的菌落数×50

（2）倾注法：用无菌吸管吸取消毒液 1.0ml，加入到 9.0ml 含相应中和剂的无菌生理盐水采样管中混匀，分别取 0.5ml 放入 2 只灭菌平皿内，加入已熔化的 45～48℃ 的营养琼脂 15～18ml，边倾注边摇匀，待琼脂凝固，一平板置 20℃培养 7 日，观察霉菌生长情况；另一个平板置 36℃±1℃培养 72h，计数菌落数。

消毒液染菌量（cfu/ml）=每个平板上的菌落数×20

5.3 评价

消毒液染菌量≤100cfu/ml 为合格。

问题 请判定被检消毒液有没有被污染。

【课题 6】 影响消毒效果的因素

消毒与灭菌的效果受多种因素的影响。消毒的剂量、微生物的种类和数量、环境的温度和湿度、消毒对象的酸碱度及有机物含量等是影响消毒效果的重要因素。掌握这些因素对消毒剂杀菌作用的影响规律，为制订消毒剂的实用剂量提供参考。以下测定温度对消毒剂杀菌作用的影响。

6.1 材料

大肠杆菌（8099）新鲜培养菌液（1×10^8～5×10^8cfu/ml）、染菌纸片、恒温水浴箱、冷水浴装置（可放入试管架的容器，以冰水调节水温）、温度计、中和剂（经中和剂试验鉴定合格）、无菌平皿、已熔化的 45～48℃的灭菌营养琼脂。

6.2 方法

（1）消毒液浓度和作用时间的设定：使用杀灭相应微生物试验所得最低有效浓度，以 3～4 个作用时间进行杀灭试验。作用时间中，以该最低有效浓度所需的最短有效时间为第 1 时间（T），其后的第 2 时间为第 1 时间的一倍（$2T$）。依此，第 3 时间为 $3T$，第 4 时间为 $4T$。试验结果应根据需要测出杀灭对数值达 5.00（消毒用）的最低有效剂量。

（2）设置 10℃±1℃、20℃±1℃、30℃±1℃等，以 10℃为间隔。

（3）对要求试验温度高于室温者，用恒温水浴箱（电热）调节；低于室温者用冷水浴装置（加适量冰水）调节。当上述温度调节装置到达要求温度后，放入装有试验样液的试管，同时放入一含与试验样液等量蒸馏水并插有温度计的试管。待试管内温度计指示到达试验所需温度时，开始随后的试验。

（4）取无菌平皿，吸取 15ml 相应浓度的消毒剂溶液注入平皿中，置相应温度水浴内 5min 后，加入菌片 3 片，并使之浸透于消毒液中。待菌药相互作用至各预定时间，用无菌镊子将菌片取出分别移入含 5.0ml 中和剂试管中。用电动混合器混合 20s，或将试管在手掌上振打 80 次，使菌片上的细菌被洗脱进入中和液中，再放置 5min 以上，使中和作用充分。然后，吸取 1.0ml 以倾注平板法测定活菌数。同时以稀释液代替消毒液，放入菌片，作为阳性对照组。

（5）所有试验样本均在 37℃温箱中培养 48h 后观察最终结果。

（6）试验重复 3 次（包括对照），计算各组的活菌量（cfu/片），计算杀灭对数值。

6.3 评价

以 20℃±1℃ 组的结果为对照。

（1）该组第 1～4 个作用时间的试验，对所试微生物杀灭效果均合格，判为该组所试因素无影响。

（2）该组第 2～4 个作用时间的试验，对所试微生物杀灭效果合格，判为该组所试因素有轻度影响。

（3）该组第 3～4 个作用时间的试验，对所试微生物杀灭效果合格，判为该组所试因素有中度影响。

（4）该组只第 4 个作用时间的试验，对所试微生物杀灭效果合格，判为该组所试因素有重度影响。

（5）全部试验对所试微生物杀灭效果均不合格，判为本试验所试因素有严重影响。为取得消毒或灭菌的有效剂量，需增加消毒液浓度或作用时间，重新进行试验。

问题 6.1 影响消毒效果的因素有哪些？

问题 6.2 如何正确评价一种消毒剂？

问题 6.3 如果让你去评价一种新的消毒剂的消毒效果，你打算如何去做？请写出初步试验方案。

【课题 7】 消毒技术的应用

7.1 经常性消毒指导

（1）公共场所、学校和托幼机构消毒通风：教室、实验室、办公室等公共场所及学校、托幼机构应首选自然通风，尽可能打开门窗通风换气。

（2）地面、墙面、电梯表面消毒：对地面、墙面、电梯表面消毒等表面定期消毒。消毒时应按照先上后下、先左后右的方法，依次进行喷雾消毒。喷雾消毒可用 0.1%～0.2%过氧乙酸溶液或有效溴为 500～1000mg/L 二溴海因溶液或有效氯为 500～1000mg/L 的含氯消毒剂溶液喷雾。用药量：泥土墙吸液量为 150～300ml/m^2，水泥墙、木板墙、石灰墙为 100ml/m^2。地面消毒喷药量为 200～300 ml/m^2，由内向外进行喷雾消毒，作用时间应不少于 60min。

（3）经常使用的物品、餐饮具定期消毒：对人体接触较多的柜台、桌椅、门把手、水龙头等可用 0.2%～0.5%过氧乙酸溶液或有效氯为 1000～2000mg/L 的含氯消毒剂进行喷洒或擦拭消毒，作用时间 15～30min。餐饮具可用流通蒸汽消毒 20min（温度为 100℃）；煮沸消毒 15～30min；使用远红外线消毒碗柜，温度达到 125℃，维持 15min，消毒后温度应下降至 40℃以下方可使用。对不具备热力消毒的单位或不能使用热力消毒的餐饮具可采用化学消毒法。例如，用有效氯为 250～500mg/L 的含氯消毒液、有效溴为 250～500mg/L 的二溴海因溶液、200mg/L 二氧化氯的溶液、0.5%过氧乙酸溶液浸泡 30min。消毒后清水冲洗、控干保存备用。

（4）衣服和被褥的洗涤消毒：勤洗、勤晒衣服和被褥等，亦可用除菌消毒洗衣粉和洗涤剂清洗衣物。

（5）卫生间、厨房和居住的房间的清扫消毒：卫生间、厨房和居住的房间要经常打扫，卫生洁具可用有效氯为 500mg/L 的含氯消毒剂浸泡、擦拭，作用时间 30min。

7.2 各种污染物对象常用的消毒方法

（1）地面、墙壁门窗：对细菌繁殖体和病毒的污染，用 0.2%～0.5%过氧乙酸溶液或有效氯为 1000～2000mg/L 的含氯消毒剂溶液喷雾。泥土墙吸液量为 150～300ml/m^2，水泥墙、木板墙、石灰墙为 100ml/m^2。对上述各种墙壁的喷洒消毒剂溶液不宜超过其吸液量。地面消毒先由外向内喷雾一次，喷药量为 200～300 ml/m^2，待室内消毒完毕后，再由内向外重复喷雾一次。以上消毒处理，作用时间应不少于 60min。有芽孢污染时应用 0.5%～1.0%过氧乙酸溶液或有效氯为 30 000mg/L 的含氯消毒剂进行喷洒。喷洒量与繁殖体污染时相同，作用时间则可延长一倍。

（2）空气：房屋经密闭后，对细菌繁殖体和病毒的污染，每立方米用 15%过氧乙酸溶液 7ml（1g/m^3），对细菌芽孢的污染用 20ml（3g/m^3），放置瓷或玻璃器皿中加热蒸发，熏蒸 2h，即可开门窗通风。或以 2%过氧乙酸溶液（8ml/m^3）气溶胶喷雾消毒，作用 1h。

（3）衣服、被褥：被细菌繁殖体或病毒污染时，耐热、耐湿的纺织品可煮沸消毒 30min，或用流通蒸汽消毒 30min，或用有效氯为 250～500mg/L 的含氯消毒剂浸泡 30min；不耐热的毛衣、毛毯、被褥、化纤尼龙制品等，可采取过氧乙酸熏蒸消毒。熏蒸消毒时，将欲消毒衣物悬挂室内（勿堆集一处），密闭门窗，糊好缝隙，每立方米用 15% 过氧乙酸 7ml（1g/m^3），放置瓷或玻璃容器中，加热熏蒸 1～2h。被细菌芽孢污染时，也可采用过氧乙酸熏蒸消毒。熏蒸消毒方法与被繁殖体污染时相同，用药量为每立方米 15% 过氧乙酸 20ml（3g/m^3）。有环氧乙烷消毒柜的单位，可将被消毒物品置消毒柜中，在温度为 54℃，相对湿度为 80%条件下，用环氧乙烷气体（800mg/L）消毒 4～6h。也可用高压灭菌蒸汽进行消毒。

（4）患者的排泄物和呕吐物：稀薄的排泄物或呕吐物，每 1000ml 可加漂白粉 50g 或有效氯为 20 000mg/L 含氯消毒剂溶液 2000ml，搅匀放置 2h。无粪的尿液每 1000ml 加入干漂白粉 5g 或次氯酸钙 1.5g 或有效氯为 10 000mg/L 的含氯消毒剂溶液 100ml 混匀放置 2h。成形粪便不能用干漂白粉消毒，可用 20%漂白粉乳剂（含有效氯 5%），或有效氯为 50 000mg/L 的含氯消毒剂溶液 2 份加于 1 份粪便中，混匀后，作用 2h。

（5）餐具：首选煮沸消毒 10～30min，或流通蒸汽消毒 30～60min。也可用 0.5% 过氧乙酸溶液，或有效氯为 250～500mg/L 的含氯消毒剂溶液浸泡 30min 后，再用清水洗净。

（6）食物：瓜果、蔬菜类可用 0.2%～0.5%过氧乙酸溶液浸泡 10min。患者的剩余饭菜不可再食用，煮沸 30min，或用 20%漂白粉乳剂、有效氯为 50 000mg/L 的含氯消毒剂溶液浸泡消毒 2h 后处理。也可焚烧处理。

（7）盛排泄物或呕吐物的容器：可用 2%漂白粉澄清液（含有效氯 5000mg/L）、有效氯为 5000mg/L 的含氯消毒剂溶液或 0.5%过氧乙酸溶液浸泡 30min，浸泡时，消毒液要漫过容器，以使内外都达消毒目的。

（8）家用物品、家具、玩具：可用 0.2%～0.5%过氧乙酸溶液或有效氯为 1000～2000mg/L 的含氯消毒剂进行浸泡、喷洒或擦洗消毒。布制玩具尽量作焚烧处理。

（9）纸张、书报：可采用过氧乙酸或环氧乙烷气体熏蒸，方法同上述污染的衣服、被褥的消毒方法。无应用价值的纸张、书报作焚烧处理。

（10）手与皮肤：用 0.5%聚维酮碘溶液（碘伏含有效碘 5000mg/L）或 0.5%氯己定醇溶液涂擦，作用 1～3min。也可用 75%乙醇溶液或 0.1%苯扎溴铵溶液浸泡 1～3min。必要时，用 0.2%

过氧乙酸溶液浸泡，或用 0.2% 过氧乙酸棉球、纱布块擦拭。

（11）患者尸体：对因甲类传染病与炭疽病故的尸体用 0.5%过氧乙酸溶液浸湿的布单严密包裹，口、鼻、耳、肛门、阴道要用浸过 0.5%过氧乙酸的棉球堵塞，然后尽快火化。土葬时，应远离水源 50m 以上，棺木应在距地面 2m 以下深埋，棺内尸体两侧及底部铺垫厚达 3～5cm 的漂白粉，棺外底部铺垫厚 3～5cm 的漂白粉。

（12）运输工具：车、船内外表面和空间，可用 0.5%过氧乙酸溶液或有效氯为 10 000mg/L 的含氯消毒剂溶液喷洒至表面湿润，作用 60min。密封空间，可用过氧乙酸溶液熏蒸消毒。

（13）垃圾：可燃物质尽量焚烧，或喷洒有效氯为 10 000 mg/L 的含氯消毒剂溶液，作用 60min 以上。消毒后深埋。

（14）疫点内的生活污水：应尽量集中在缸、桶中进行消毒。每 10L 污水加入有效氯为 10 000mg/L 的含氯消毒溶液 10ml，或加漂白粉 4g。混匀后作用 1.5～2h，余氯为 4～6mg/L 时即可排放。

对疫区内污染的生活污水，可使用含氯消毒剂进行消毒。消毒静止的污水水体时，应先测定污水的容积，而后按有效氯 80～100mg/L 的量将消毒剂投入污水中。搅拌均匀，作用 1～1.5h。检查余氯在 4～6 mg/L 时，即可排放。对流动污水的水体，应作分期截流。在截流后，测污水容量，再按消毒静止污水水体的方法和要求进行消毒与检测。符合要求后，放流，再引入并截流新来的污水，如此分期依次进行消毒处理。

问题 7.1　根据疾病预防控制的需要，消毒技术可应用于哪些方面？

问题 7.2　对不同的疾病如何确定消毒方法选择的原则？

问题 7.3　疫源地消毒如何分类？

问题 7.3　某托幼机构甲型肝炎暴发，如果你带队前往控制疫情，如何组织消毒工作？

（白群华　钟朝晖）

实习 14　分子流行病学

【目的】　掌握分子流行病学的概念；熟悉分子流行病学与传统流行病学关系；学习分子流行病学在疾病研究过程的作用；了解分子流行病学研究方法在疾病预防和控制中的应用。

【学时】　6 学时。

【内容】　分子流行病学是一门以流行病学现场研究为基础，应用分子生物学的基本理论和技术，通过相关生物标志的测量，从分子乃至基因水平揭示疾病或健康的影响因素、分布和流行规律，并研究如何防治疾病、促进健康的策略与措施的科学。常用的现场流行病学研究方法有巢式病例对照研究、病例-病例研究、病例-队列研究。应用分子生物学的理论和技术，能够更清晰地分析疾病的流行规律和对疫情做出更快速准确的报告。

【课题 1】　斑点热（spotted fever）是由斑点热群立克次体（spotted fever group rickettsiae，SFGR）所引起的一组疾病的总称。SFGR 为专性细胞内寄生，是人兽共患的一大类自然疫源性疾病。蜱作为保菌宿主，SFGR 在蜱中维持着持久的感染循环，可经卵垂直传递立克次体以保持其种群的连续性。近年来，世界范围内新发及再发立克次体感染并逐年上升。从病原学和世界卫生组织立克次体研究中心证实我国至少存在 3 种斑点热立克次体，而从患者分离出病原体及从基因检测证据表明，我国至少存在 10 种立克次体。新疆维吾尔自治区地域辽阔，生境多样，蜱种丰富，但对其立克次体研究报道相对较少。为了了解中哈边境新疆维吾尔自治区艾比湖湿地游离蜱中 SFGR 的感染情况。本研究利用 SFGR 外膜蛋白 A（ompA）基因对艾比湖湿地游离亚洲璃眼蜱、边缘革蜱、血红扇头蜱进行 PCR 检测，对阳性样本进行测序和 BLAST 序列分析，并应用 Mega5.0 软件建立分子系统进化树。结果艾比湖湿地游离蜱 SFGR 电泳阳性率 36.84%（56/152），高于新疆维吾尔自治区夏尔西里森林革蜱阳性率 20%（14/70）和博乐市、塔城地区边缘革蜱阳性率 16.22%（12/74），以及东北地区森林革蜱中检出的阳性率 3.7%（25/676）和哈萨克斯坦边缘革蜱阳性率 33.3%（6/18）。可见，阿拉山艾比湖湿地游离蜱 SFGR 具有高感染率；BLAST 分析显示，艾比湖湿地游离蜱 SFGR 基因型为 *Rickettsia raoultii*，与新疆维吾尔自治区哈巴河县、和硕县、博乐市和塔城地区 SFGR 基因型相同，进一步说明 *Rickettsia raoultii* 是新疆维吾尔自治区广布种，与从匈牙利患蜱传染的患者肿大淋巴结中分离获得的 *R. raoultii* 关系最近，处于同一分支（GenBank 登录号为 JQ798904）。结论是新疆维吾尔自治区艾比湖湿地游离蜱 SFGR 感染较为严重，存在立克次体自然疫源地，应尽快制订防制措施，以免危及动物及人类健康。（引自中国兽医杂志 2016 年（第 52 卷）第 8 期）

问题 1.1　与传统流行病学相比，该研究方法有何不同?

问题 1.2　根据研究结果，我们可以向相关部门提出怎样的建议?

【课题 2】　夏秋季节是食物中毒暴发的高峰期，引起食物中毒的病原微生物主要是各种肠道致病菌，包括沙门菌、志贺菌、各种致病性大肠杆菌等。最近几年，在我们的调查中发现变形杆菌引发的食物中毒正在呈现逐步上升的趋势。导致食物中毒的变形杆菌株有普通变形杆菌和奇异变形杆菌等。这类病菌主要污染肉类食品，它们广泛存在于自然界和人、畜粪便中。其中奇异变形杆菌是引起细菌性食物中毒的常见病菌。由于变形杆菌感染来源的多样性（如粪便、污染的水源和食品）使得实验室分析暴发流行存在一定的困难，传统的流行病学分析主要基于表型的特征，包括生物分型、血清反应、药敏分型、噬菌体分型和质粒分型等。随着分子生物学技术的发展，多种分子生物学分型技术开始应用，如 Rep-PCR、核糖体分型、随机扩增多态性 DNA（RAPD）、限制性片段长度多态性（RFLP）及脉冲场凝胶电泳（PFGE）等。其中，

PFGE 因其重复性和可靠性高，并能对全菌 DNA 进行分析，以及可与其他实验室进行比对等优点，被认为是分子生物分型的金标准。PFGE 解决了大分子片段等在凝胶中不能分离的问题，是一种非常有效的分子分型技术，在国外不断地被应用于大肠杆菌（*Escherichia*）、金黄色葡萄球菌（*Staphylococcusaureus*）和一些其他菌种的分子流行病学研究中。

建立快速、敏感的实验室分型技术，对传染源的追踪、溯源，最终有效地控制疫情意义重大。PFGE 是应用最为广泛的分子流行病学分离方法，被认为是分子分型方法的金标准，PFGE 的工作原理是 DNA 在交替变换的电场中做出反应的时间取决于 DNA 分子的大小，该方法稳定性好、分辨率高、重复性好，目前以美国疾病预防控制中心发起，全球 20 多个国家参与的 PULSENET 就是以 PFGE 技术为核心，在世界范围的疾病监测中发挥巨大的作用。然而，在我国，这项技术在疾病的预防控制方面运用并不是特别广泛。传统方法如药敏试验、血清学反应等能用于监测疫情的暴发流行，但不能确认暴发菌株间的相关性。PFGE 是基于细菌的 DNA 指纹原理来确诊暴发菌株之间的关联、传染源及传播途径，最终为控制传染源提供实验室的诊断依据。在某次暴发食物中毒的流行病学调查中，通过传统的微生物鉴定和血清凝集试验可以初步判断可能是由奇异变形杆菌引出的食物中毒，但是由于变形杆菌在正常人的粪便中也可以分离到，因此无法肯定。通过对分离细菌进行脉冲场分析后发现基本属于同一基因型，由此可以确定这些变形杆菌是同一来源，从而可以肯定这是一起由奇异变形杆菌引发的食物中毒。（引自实用预防医学 2009 年 6 月第 16 卷第 3 期）

问题 2.1 与常规流行病学调查相比，分子流行病学研究方法具有哪些优点？

问题 2.2 分子生物学分型技术（比如 PFGE）的应用有何意义？

【课题 3】 诺如病毒（norovirus，NV）属于人类杯状病毒（human calicivirus，HuCV），是引起病毒性腹泻最常见的病原体之一，主要引起无菌性急性胃肠炎。20 世纪 70～90 年代，世界上发生的非细菌性腹泻疫情中，有 19%～42%是诺如病毒所致。1995 年我国从报道第 1 例诺如病毒感染起，陆续对山西省、北京市等地区诺如病毒感染暴发进行调查，结果证明诺如病毒感染在我国是普遍存在的。诺如病毒感染全年均有流行，发病高峰为秋、冬季，不同年龄段的人群均可感染，该病毒引起急性胃肠炎，而且多在学校、幼儿园、军队等地以暴发疫情出现。诺如病毒基因组是单股正链 RNA，包括 3 个开放阅读框（ORF）。ORF1 编码包括保守的具有 RNA 多聚酶（RdRp）在内的非结构蛋白；ORF2 编码衣壳蛋白（Caspid），是目前研究的热点；ORF3 编码一种强碱性微小结构蛋白。诺如病毒的遗传基因和抗原性呈高度多样性，根据 RdRp 区核苷酸或外壳蛋白区（VP1）氨基酸序列的差异，可以将诺如病毒分为 6 个基因型，其中感染人的包括 GⅠ型、GⅡ型和 GⅣ型，以 GⅡ型最为常见。GⅡ.4 型与全球绝大多数诺如病毒引起的疫情和胃肠炎散发病例有关。无锡地区近几年也发生了多起人数较多的诺如病毒引起的疫情，为了解本市的诺如病毒感染的人群状况及无锡地区诺如病毒的分子流行特征，本研究对无锡市的腹泻人群开展诺如病毒监测及序列分析。了解无锡市诺如病毒流行特征及主要流行株的基因型。（引自中国卫生检验杂志 2016 年 4 月第 26 卷第 7 期）

3.1 方法

采集 2013 年无锡市哨点医院监测的 409 份急性腹泻者的粪便标本和 9 起诺如病毒暴发疫情的病例标本，采用实时荧光定量 PCR 检测诺如病毒 GⅠ和 GⅡ基因，对 GⅡ基因阳性标本进一步进行扩增及测序分型。

3.2 结果

哨点监测病例诺如病毒阳性率为 9.78%（40/409）。40 份阳性标本中，GⅡ型 36 份，这 36 株诺如病毒共有 5 种基因型，依次为 GⅡ.Pe/GⅡ.4 型 28 株（77.78%）、GⅡ.P12/GⅡ.3 型 4 株（11.11%）、GⅡ.P16/GⅡ.13 型 2 株（5.56%）、GⅡ.P7/GⅡ.6 和 GⅡ.16 各 1 株（2.78%）。

2013 年暴发疫情病例所测 35 株诺如病毒共 4 种基因型，依次为 28 株 GⅡ.Pe/GⅡ.4 型（80.0%）、4 株 GⅡ.7（11.43%）、3 株 GⅡ.12/GⅡ.3（8.57%）。

问题 3.1 根据研究结果，无锡市疾病预防控制中心应做的防制措施是什么？

问题 3.2 根据上述研究结果，做出结论。

【课题 4】 在全球范围内，沙眼衣原体（CT）是细菌性性传播性疾病和可防治的炎症性失明的首要原因，同时也可能导致胃肠道和呼吸道的感染、新生婴儿经产道感染的结膜炎和肺炎。根据世界卫生组织 2001 年的调查报告，全球范围内每年有 8 千万～9 千万的新发确诊病例报告，由于缺乏有效的防控措施，感染病例更多地发生在贫穷地区。2008 年，世界卫生组织调查报告指出，尽管有较之前完备的沙眼衣原体防控指南，抗生素的广泛使用，全球范围内报告的年度新发病例仍在上升，达到 1 亿 6 百万例。仅仅美国一国，用于沙眼衣原体感染的直接医疗费用年均 5 亿美元，尚未包括用于筛查的费用和用于后遗病变的非直接费用，如生育力下降或丧失、潜在的致癌作用等。

沙眼衣原体具有多种不同的变体，最初通过检测感染血清中单克隆抗体的差异进行分型；将沙眼衣原体分为 15 个型（A～K、Li～L3 和 Ba），大量的临床观察显示不同的型别具有不同的组织嗜性。A～C 主要引起眼结膜炎症，是致盲的原因之一。D～K 型导致泌尿生殖道的感染，在男性引起尿道炎、附睾炎，在女性引起黏液脓性宫颈炎，病原体可沿生殖道黏膜上行引发上生殖道感染，是不孕、流产、盆腔炎性疾病、异位妊娠的主要病因。性病淋巴肉芽肿则归因于 L1-3 型感染，近期在北欧地区发生的局部小流行被证实是一种新发现的变型：L2b。近期从人泌尿生殖道分离出嗜眼结膜的 CTB 型，具体机制尚待进一步分析，可能与多型别混合感染和（或）ompl 存在大量突变及重组有关。人感染沙眼衣原体后，约 90%的女性和 50%的男性表现为无症状（或）轻微症状；不同型别感染的临床表现也存在较大差别，Jennifer 等在一项鼠感染人衣原体 D（UW-3/Cx）、F（N.I.1）、F（IC-Cal-3）和 E（Bour 不同的菌株后，检测血清抗沙眼衣原体滴度、阴道脱落菌落数、输卵管内阳性培养结果、感染持续时间、感染后受孕率，发现不同菌株之间各项指标存在明显差异，说明不同的菌株毒力不同，表现症状及临床结局不同。Stephan 等在一项临床研究中发现，可从感染人群的宫颈/阴道拭子、尿道拭子及尿标本中检测出沙眼衣原体 D～K 型，D、E 型有较高的血清 IgG 滴度，而 J 型的中位血清 IgG 滴度最低，与感染的持续时间、输卵管的病理学改变的程度成正相关。随着种系演化、基因组学和蛋白组学研究的不断深入发展，发现除了 ompA 及其编码翻译的 MOMP 复合物在病原体黏附、孔蛋白、主要抗原表位发挥作用外，沙眼衣原体组织嗜性、毒力差异与Ⅲ型分泌系统效应器 Tarp、细胞毒素基因，色氨酸操纵子（trpRBA）等有着密切的关系。①CTⅢ型分泌系统效应器 Tarp，在 LGV 菌株中，其 N′端具有大量的酪氨酸重复单元，而 C′端没有这样的结构，改变宿主细胞内肌动蛋白功能，且磷酸化的 Tarp 与 EGF 受体和 MAPK 级联效应有关，通过改变这些信号通路的传导，利于病原体越过黏膜上皮细胞感染宿主单核巨噬细胞。而大多数亲眼结膜和泌尿生殖道的菌株不具备这样的结构。②细胞毒素基因，只有亲泌尿生殖道上皮的菌株包含细胞毒素开放阅读框（CT166），编码蛋白同时具有糖基转移酶和 UDP-葡萄糖绑定域，参与病原微生物入侵部位细胞骨架肌动蛋白微丝的快速分解，利于其内化形成包涵体。LGV 型缺乏 CT166 开放阅读框，而亲眼结膜型只保留 UDP-葡萄糖绑定域。③色氨酸操纵子（trp operon），泌尿生殖道菌株与亲眼结膜菌株的另一个区别在于 trpA 或者 trpB 特异突变，表现在泌尿生殖道菌株具有编码可催化色氨酸生物合成的功能合酶，使得沙眼衣原体可以利用宿主泌尿生殖道内竞争菌大量产生的吲哚合成色氨酸，这对沙眼衣原体能在 IFN-γ 介导的免疫反应导致氨基酸缺乏微环境中得以生存有重要的意义。更多的基因及其突变、蛋白及其功能，以及与疾病发生发展的关系，如 pmp 家族、CT144、CT050、CYT051 等尚待阐明。（引自中国微生态学杂志

2015 年 12 第 27 卷第 12 期）

问题 4.1 分子生物学理论及技术不断地发展，对于沙眼衣原体研究有何意义？

问题 4.2 对研究结果做出适当解释。

【课题 5】 麻疹病毒属于副黏病毒科麻疹病毒属，只有 1 个血清型。病毒基因组由 6 个结构基因和 2 个非结构基因组成，分别编码 6 个结构蛋白和 2 个非结构蛋白。世界卫生组织基于麻疹病毒核蛋白羧基端 450 个核苷酸片段的同源性分析，将麻疹病毒分为 8 个组 24 个基因型。其中 B1、C1、D1、E、F 和 G1 基因型已不存在；另有 D2、D3、D10、G2 和 H2 基因型自 2006 年以来一直没有检测到，这 5 个基因型可能不存在或警示存在监测空白。我国自 1993 年开始开展麻疹病毒学监测，到目前为止监测到的麻疹病毒野毒株绝大多数为 H1 基因型，只有极少数为 A 基因型或为输入性病例中分离到的其他基因型（D9、D4、D8、B3）。2011 年许文波等又将 H1 基因型进一步划分为 H1a 和 H1b 基因亚型，中国内地监测到的麻疹病毒野毒株绝大多数为 H1a 基因亚型。我国于 2001 年开始建立并完善了全国麻疹实验室网络，省级实验室负责对麻疹暴发或散发病例中采集的咽拭子标本进行麻疹病毒分离，并将分离到的麻疹病毒送到中国疾病预防控制中心病毒病预防控制所国家麻疹实验室（以下简称国家麻疹实验室）进行序列测定。2005 年世界卫生组织西太平洋区确定 2012 年实现消除麻疹目标，为加速消除麻疹工作进程，提高全人群健康水平，我国制定了《2010—2012 年全国消除麻疹行动方案》。自 2001 年以来，上海市一直维持高质量的麻疹病原学监测，2012 年首次监测到 D8 基因型麻疹病毒存在，2013 年首次监测到 B3 基因型麻疹病毒存在，这也是首次监测到 D8 和 B3 基因型麻疹病毒在中国内地的存在。本研究对 2012～2014 年上海市分离到的麻疹病毒流行株进行基因序列测定和分析，以进一步研究目前上海市麻疹病毒流行株的基因特征，探索上海市不同传播链麻疹病毒的流行情况。

通过对 2012～2014 年上海市麻疹病毒监测情况进行分析，研究上海市麻疹病毒流行株核蛋白（nucleoprotein NP）的基因特征，探索上海市不同传播链麻疹病毒的流行情况。用 Vero/slam 细胞对采集的疑似麻疹病例咽拭子标本进行病毒分离，分离到的麻疹毒株用反转录-聚合酶链反应（reverse transcriptase-polymerase chain reaction，RT-PCR）扩增 NP 羧基端 450 个核苷酸，并对扩增产物进行序列测定和基因亲缘性关系分析。2012～2014 年上海市疾病预防控制中心共收到 2562 份疑似麻疹病例咽拭子标本，分离到 710 株麻疹病毒流行株，病毒分离阳性率为 27.71%。分离到的麻疹病毒流行株中 1 株为 D8 基因型，8 株为 B3 基因型，其余均为 H1a 基因亚型。所有 H1a 基因亚型分离株与世界卫生组织参考株（GenBank No. AF045212）的核苷酸序列同源性为 96.0%～98.0%，氨基酸序列同源性为 92.7%～98.0%。D8 基因型分离株（SH12-239）与世界卫生组织参考株（GenBank No. AF280803）的核苷酸序列同源性为 97.8%，氨基酸序列同源性为 98.6%。所有 B3 基因型分离株与世界卫生组织参考株（GenBank No.L46753）的核苷酸序列同源性为 96.7%～96.9%，氨基酸序列同源性为 95.3%。（引自微生物与感染）

问题 5.1 麻疹病毒基因型鉴别有何用处？

问题 5.2 上海市麻疹监测系统首次监测到 D8 基因型和 B3 基因型麻疹病毒在中国内地的存在，对此，上海市疾病预防控制中心下一步应进行怎样的调查？

问题 5.3 该研究对麻疹的病原学监测有何意义？

【课题 6】 登革热（dengue fever，DF）是由登革热病毒（dengue virus，DENV）引起的急性传染病，主要通过埃及伊蚊（*Aedes aegypti*）和白纹伊蚊（*Aedes albopictus*）传播，病毒可分为 4 个血清型（1 型、2 型、3 型和 4 型）。近 10 年来，全球登革热流行日趋严重，尤其是东南亚地区。在我国，广东、云南等省因输入引发的本地暴发疫情时有发生，2013 年，西双版纳傣族自治州景洪市和德宏傣族景颇族自治州瑞丽市分别首次发生较大规模本地暴发疫情。2014 年全国报告登革热病例 46 863 例，出现死亡病例 6 例，云南省瑞丽市也再次发生本地病例暴发流行。现对云南省中缅边境的瑞丽市 2014 年登革热流行的登革热病毒血清型进行分子流行病学研究。(引自疾病监测 2016 年 1 月 31 日第 31 卷第 1 期)

6.1 方法

收集登革热病例资料，采集患者急性期血清标本，用 RT-PCR 法检测登革热病毒核酸，并进行登革热病毒 C/PreM 区核苷酸序列测定和分析。

6.2 结果

2014 年 6～12 月，瑞丽市共确诊登革热病例 292 例，其中本地感染病例 139 例(47.77%)，输入性病例 153 例(52.23%；缅甸输入 152 例，广州市输入 1 例)。2014 年瑞丽市登革热本地感染病例发病率为 72.77/10 万。主要流行地区为瑞丽市城区、姐告边境贸易区和勐卯镇。

(1) ENV 核酸检测和序列测定：采用 RT-PCR 试验，选择 100 例 DENV-NS1 抗原阳性患者的血清标本进行 DENV 核酸检测，结果阳性 65 例，经序列测定获得这 65 例患者标本的 DENV-C/PrM 区基因核苷酸序列。这 65 例患者中，6 月 1 例(输入首例)，7 月 1 例(本地首例)，8 月 20 例(本地 18 例，输入 2 例)，9 月 18 例(本地 12 例，输入 6 例)，10 月 15 例(本地 8 例，输入 7 例)，11 月 10 例(本地 1 例，输入 9 例)。其中包括 2014 年首例输入性病例(2014-06-07)和首例本地感染病例(2014-07-31)，以及本地流行末期的本地感染病例(2014-11-01)。经登革热病毒核酸检测和序列测定，从患者血清中获得 65 株病毒的 C/PreM 区基因核苷酸序列，其中本地感染 40 例，缅甸输入 25 例。

(2) DENV-C/PrM 区的系统进化分析：从瑞丽市 2014 年登革热患者血清中获得的 65 株 DENV C/PrM 区基因片段核苷酸序列与来自 GenBank 中不同国家和地区的 56 株登革热病毒 1 型(DENV1)、2 型(DENV2)、3 型(DENV3)和 4 型(DENV4)代表株相应区段核苷酸序列构建系统进化树。结果表明，瑞丽市 65 株 DENV 分别属于 DENV1、DENV2、DENV4 型，其中 53 株为 DENV1 型；11 株为 DENV2 型；1 株为 DENV4 型。结果表明，2014 年瑞丽市存在 1 型、2 型和 4 型 DENV 的流行，这 3 个型登革热病毒中均在输入性病例中发现，其中 1 型和 2 型病毒同时引起本地流行。用这 65 株 DENV 与来自东南亚等地区的 56 株登革热各型病毒构建系统进化树，瑞丽市 53 株 1 型、11 株 2 型和 1 株 4 型 DENV 与缅甸、泰国、越南和柬埔寨等东南亚国家的同型 DENV 流行株亲缘关系最为接近。

问题 6.1 本研究目的是什么？

问题 6.2 进行系统进化分析有何意义？

问题 6.3 对研究结果做出适当解释。

【课题 7】 肺炎克雷伯菌和大肠杆菌是主要的院内感染菌，碳青霉烯类药物是用于治疗肠杆菌科细菌引起感染最为有效的抗菌药物。本文选取 2013 年 10 月～2015 年 3 月本院住院患者样本中分离的无重复的亚胺培南耐药肺炎克雷伯菌和大肠杆菌 17 株，分离自 16 位住院患者，一位患者从不同部位分离出 2 株；其中 15 株为肺炎克雷伯菌，2 株为大肠杆菌；12 株菌分离自神经外科病区，5 株来自其他 3 个科室病区；9 份痰液，4 份尿液，2 份肺泡灌洗液，脑脊液和分泌物各 1 份。ATCC259229(大肠杆菌)，ATCC700603(肺炎克雷伯菌)为质控株；ZY138、ZY54、ZY25 为本实验室保存的分别为 *CMY-2*、*DHA-1*、*TEM-1* 和 *CTX-M-14* 基因的阳性质控株。对其进行碳青霉烯酶、AmPc 酶和 ESBLs 耐药基因的检测，肠杆菌科基因间重复系列(ERIC)和多位点序列分型(MLST)的分子流行病学分析，以了解 17 株亚胺培南耐药肺炎克雷伯菌和大肠杆菌相关耐药基因及分子流行病学状况。(引自检验医学与临床 2016 年 3 月第 13 卷第 5 期)

7.1 方法

采用 Hodge 试验检测碳青霉烯酶表型；采用 PCR 法检测碳青霉烯酶、I 类头孢菌素酶（AmPC）和超广谱 β-内酰胺酶（ESBLs）耐药基因，进行测序及网上比对确定基因型；采用肠杆菌科基因间重复序列（ERIC）和多位点序列分型（MLST）对菌株进行同源性和遗传相关性分析。

7.2 结果

（1）Hodge 试验结果：15 株肺炎克雷伯菌中 13 株为 Hodge 试验阳性，2 株为阴性；1 株大肠杆菌 Hodge 试验阳性，另一株为阴性。

（2）耐药基因检测结果：15 株肺炎克雷伯菌检出 *KPC-2*、*TEM-1*、*SHV* 和 *CTX-M* 型基因，*SHV12* 和 *CTX-M-24* 为主要基因亚型；2 株大肠杆菌检出 *KPC-2* 基因，其中 1 株大肠杆菌检出 *TEM-1* 和 *CTX-M-24* 基因，另一株大肠杆菌检出 *CMY-42* 和 *OXA-1* 基因；17 株菌未检测到 IMP、VIM 和 NDM 碳青霉烯酶。

（3）EPIC-PCR 结果：15 株肺炎克雷伯菌分 3 类，A 类 12 株，B 类 2 株，C 类 1 株；2 株大肠杆菌定为 D 类。

（4）MLST 分型结果：15 株肺炎克雷伯菌 MLST 分型结果见表 14-1。

表 14-1 15 株肺炎克雷伯菌 MLST 分型结果

菌株	标本	管家基因型							ST 型
		gapA	*infB*	*mdh*	*pgi*	*phoE*	*rpoB*	*onB*	
68	痰	2	1	1	37	10	1	86	290
82	痰	2	1	19	4	9	4	34	967
113	痰	3	3	1	1	1	1	4	11
121	痰	3	3	1	1	1	1	4	11
122	痰	3	3	1	1	1	1	4	11
124	痰	3	3	1	1	1	1	4	11
248	痰	3	3	1	1	1	1	4	11
249	痰	3	3	1	1	1	1	4	11
251	痰	3	3	1	1	1	1	4	11
252	痰	3	3	1	1	1	1	4	11
254	痰	3	3	1	1	1	1	4	11
289	尿	3	3	1	1	1	1	4	11
295	尿	3	3	1	1	1	1	4	11
316	脑脊液	3	4	6	1	7	4	38	147
329	尿	3	3	1	1	1	1	4	11

问题 7.1 研究过程中采用耐药基因检测、EPIC-PCR 及 MLST 分型等方法，目的是什么？

问题 7.2 根据上述分析本次研究的结论是什么？

问题 7.3 根据上述研究结论，医院应该做出何种措施？

（孔丹莉 于海兵）

实习 15　预防接种与免疫规划

【目的】　掌握预防接种与免疫规划效果评价的常用指标。

【学时】　3 学时。

【内容】　免疫规划是指根据国家传染病防治规划，使用有效疫苗对易感人群进行预防接种所制订的规划、计划和策略，在人群中有计划地进行预防接种，以预防和控制特定传染病的发生和流行。对疫苗预防接种的免疫学效果和流行病学效果做出科学评价是计划免疫工作的重要内容。

【课题 1】　为了调查分析引起某市预防接种不良反应的疫苗种类和不良反应类型，保证预防接种工作的顺利开展，对当地 2002～2003 年上报的预防接种不良反应的资料进行调查分析，结果见表 15-1。

表 15-1　不同疫苗的不良反应发生率

疫苗	接种人次	不良反应例数		发生率（%）	构成比（%）
		一般反应	异常反应		
乙脑	64 707	18	5		
百白破三联	75 635	6	0		
麻疹	70 674	1	1		
流感	43 975	1	0		
轮状病毒	8810	1	0		

问题 1.1　请计算表 15-1 中不同疫苗的不良反应发生率和构成比，并对结果进行评述。

问题 1.2　预防接种疫苗的不良反应主要表现形式有哪些？其发生原因是什么？

问题 1.3　预防接种疫苗的注意事项有哪些？

【课题 2】　为了解某地区人群乙肝的抗体水平，对该地幼儿（>6 月～3 岁）和儿童（6～12 岁）2 个组共 120 人采集血标本，分离血清于–20℃保存。应用微量血凝抑制（HI）试验对血清进行抗体分型检测，具体结果见表 15-2。

表 15-2　某地区儿童乙肝抗体 HI 抗体阳性率和抗体水平

组别	检测人数	阳转人数	阳转率（%）	抗体滴度（1∶）							GMT（1∶）
				4	8	32	64	128	256	512	
幼儿	60	60		0	0	8	7	12	23	10	
儿童	60	60		1	2	7	11	19	17	3	
合计	120	120		1	2	15	18	31	40	13	

问题 2.1　对预防接种免疫学效果评价的主要指标有哪些？如何进行指标的选择？

问题 2.2　计算表 15-2 中的抗体阳性率、抗体几何平均滴度（GMT），并解释其结果。

【课题 3】　2010～2013 年对某市 60～79 岁流感易感人群进行流感疫苗接种。按照 1∶2 匹配病例对照研究。2 个月后随访结果见表 15-3。

表 15-3　易感人群流感疫苗接种随访结果

组别	接种人数	发病数	发病率（%）	效果指数	保护率（%）
试验组	633	201			
对照组	1266	567			

问题 3.1　计算疫苗的保护率和效果指数，并解释其意义。

问题 3.2　根据表 15-3 的数据，如何评价疫苗的流行病学效果？

问题 3.3　疫苗现场流流行病学效果评价的试验设计方法有哪些？其设计思路如何？

【课题 4】　为全面了解某省儿童计划免疫接种率及其影响因素，并为今后有针对性地开展免疫预防工作提供科学依据。于 2003 年 9 月采用多阶段分层随机抽样方法。全省共调查 7 个县（市、区）14 个乡、28 个村及一个流动人口聚集地。按顺时针的方向调查 30 名 1999 年 1 月 1 日至 2002 年 6 月 30 日出生的儿童。调查结果见表 15-4。

表 15-4　2003 年某省本地儿童计划免疫建卡、建证和四苗接种率

出生年份	调查人数	建证率（%）	建卡率（%）	卡介苗（%）	脊髓灰质炎疫苗（%）	百白破疫苗（%）	麻疹疫苗（%）	全程合格接种率（%）
1999	214	97.2	99.5	99.5	99.1	99.5	99.5	96.3
2000	245	97.1	100.0	99.2	100.0	100.0	100.0	97.6
2001	240	97.5	97.1	98.3	99.2	98.8	98.8	95.0
2002	154	99.4	98.7	100.0	100.0	98.7	99.4	96.8
合计	853	97.7	98.8	99.2	99.5	99.4	99.4	96.4

问题 4.1　你认为应如何进行儿童接种率的调查？提高疫苗有效接种率的途径有哪些？

问题 4.2　计划免疫工作的监测和评价内容包括哪些？

问题 4.3　从本案例的调查结果，分析该地今后在计划免疫工作中应加强哪些方面？

【课题 5】　我国于 1996 年批准引进 Smith Kline Beecham 公司的水痘活疫苗，幼儿园儿童使用后，水痘发病率明显下降。某地区疾病预防制控中心于 2003 年起拟开展该疫苗的现场试验研究，据以往疫情监测资料显示，当地水痘的发病率为 9.7%。据文献报道该疫苗接种组平均年发病率为 1.6%。

问题　请拟定一份水痘疫苗效果评价的现场试验设计评价。

主要内容包括：①实施疫苗流行病学现场试验考核的目的和意义；②现场选择的基本原则；③现场人群的选择、样本量和分组情况；④现场试验的实施步骤；⑤选择哪些指标进行效果评价；⑥实施质量的控制要求。

（刘　芬）

实习16　医 院 感 染

【目的】 掌握医院感染的定义、分类、流行环节、分布特征、危险因素；医院感染的管理、预防和控制。

【学时】 3学时。

【内容】 随着人口老龄化加剧，广谱抗生素、免疫抑制剂、化疗药物的应用，以及侵入性操作增多，医院感染的风险也在增加。医院感染可使患者病情加重、住院时间延长、住院费用增加，甚至导致残疾或死亡。因此医院感染已成为一个不容忽视的公共卫生问题，预防和控制医院感染对于提高医疗服务水平和促进人类健康有着非常重要的意义。医院感染主要指住院患者在医院内获得的感染，包括在住院期间发生的感染和在医院内获得出院后发生的感染，但不包括入院前已开始或者入院时已处于潜伏期的感染。按病原体来源不同，把医院感染分为内源性感染和外源性感染。对医院感染应掌握其流行环节、分布特征及危险因素，以便进行有效的管理、预防和控制。

【课题1】 1992年9月，某市医院发生志贺痢疾杆菌C群13型的暴发流行，致使26名新生儿感染，10名新生儿死亡。经调查，传染源系一位志贺痢疾杆菌慢性携带者的产妇，通过接触将细菌传染给其婴儿。由于该院新生儿室无配奶间，配奶、换尿布、打包操作均在不足2m^{2}的操作台上进行，致使带菌的婴儿污染了操作台，进而又污染了牛奶，造成志贺痢疾杆菌在新生儿之间的传播。此外，经测定，医院新生儿室的空气、物体表面和医务人员手的细菌学检测均超标。

问题1.1 什么是医院感染？

问题1.2 本次事件是否属于医院感染？为什么？

问题1.3 按病原体来源不同，医院感染分为哪两类？本次医院感染属于哪类？

【课题2】 医院感染是指在医院内获得的感染。判断获得感染的时间是否在住院期间，往往需要从感染发生的时间进行推算。

问题2.1 医院感染的判定依据是什么？（如何判断是否为院内感染？）

问题2.2 试判断下列哪种情况属于医院感染，哪种情况不属于医院感染。

（1）新生儿在分娩过程中经产道感染淋球菌。

（2）住院患者在原有感染基础上出现其他部位新的感染。

（3）已出院患者感染乙肝病毒，经调查与上次住院输血有关。

（4）由于应用免疫抑制剂激活疱疹病毒感染。

（5）一般的慢性感染性疾病在医院内急性发作，未发现新的病原体。

（6）由于创伤、物理或化学的非生物性因子刺激而产生的炎症表现。

（7）新生儿经胎盘获得（出生后在48h内发病）的先天性梅毒感染。

（8）皮肤黏膜开放性伤口只有细菌定植而无炎症表现。

（9）患者住院次日晨尿常规检查显示，WBC 30个/高倍镜视野。

（10）患儿住院48h内出现麻疹。

（11）手术缝针通过处有轻微炎症。

（12）手术后30日以内发生，切口局部红、肿、热、痛，并可见化脓性分泌物。

【课题3】 2003年1月，某煤业医院呼吸科连续发生8例铜绿假单胞菌下呼吸道感染，患者年龄为65～75岁，均有持续吸氧和雾化吸入治疗史。调查发现，由于该院湿化瓶和雾化器数量少，常有多人合用与未消毒就用现象，而这些被细菌污染了的医疗用品很可能就是此次医院感染暴发的原因。

问题 3.1 外源性医院感染的常见传染源有哪几类?

问题 3.2 什么是环境储源?

问题 3.3 本例中医院感染的可能来源是什么?

问题 3.4 医院感染流行的传播途径有哪些? 本次医院感染事件及课题 1 医院感染事件中其具体传播途径可能有哪些?

【课题 4】 1996 年 1 月 11 日，湛江市卫生防疫站接到广东医学院附属医院报告，该院收治了一批因在徐闻县龙塘卫生院使用过血浆而发生丙型肝炎（以下简称丙肝）的病例。共调查血浆输注者 59 人，确诊临床丙肝 10 例，检出亚临床感染者 32 例，总感染率达 71.2%（42/53）。从现场采集到的血浆袋内取残留血浆作抗 HCV 检测，结果两份残留血浆抗 HCV 均阳性。证实本次丙肝暴发流行是由输注污染的血浆而引起。

2009 年 8 月～2010 年 1 月，云南省大理白族自治州卫生局接到大理白族自治州某医院报告，先后在血液透析患者中检测出丙肝病毒抗体（抗 HCV）阳性患者 47 例。经云南省卫生厅专家组调查认定，这是一起与血液透析有关的医院感染事件，涉及丙肝病毒感染者 59 人。

问题 4.1 试分析上述丙肝医院感染事件发生的可能原因是什么?

问题 4.2 在今后的工作中可采取哪些有针对性的预防和控制措施?

问题 4.3 结合本例及前面几个事件，分析哪些人是医院感染常见的易感者。

【课题 5】 2005 年 12 月 11 日，安徽省宿州市立医院 10 名白内障患者在实施白内障超声乳化人工晶状体植入手术后发生感染性眼内炎，最终 9 人被摘除眼球，经复旦大学附属眼耳鼻喉科医院病原学检测证实为铜绿假单胞菌（绿脓杆菌）感染。调查发现该医院与不具备医疗服务资质的上海舜春扬科贸公司签订协议，合作开展白内障超声乳化手术，并组织患者、提供场地及相关设备材料；允许上海舜春扬科贸公司组织的没有资质的人员在该院从事诊疗活动；医院院内感染管理混乱，手术过程中的相关设备没有做到一人一用一灭菌。

问题 5.1 医院感染应如何管理? 试述医院感染管理的组织机构。

问题 5.2 从医院感染管理的角度来看，上述事件发生的主要原因是什么?从中应吸取哪些教训?

【课题 6】 2015 年 1 月 1～9 日杭州市某街道社区卫生服务中心一病区住院患者及医务人员、护工、清洁工等人员中连续发生急性胃肠炎病例。院方立即向所在地疾病预防控制中心进行了报告，疾病预防控制中心迅速派出相关专业技术人员到现场进行了流行病学调查，开展了相关检测，并对病区环境及物体表面等进行清洁消毒和相关控制措施。经证实这是一起由诺如病毒导致的医院感染事件。

问题 6.1 医疗机构经调查证实发生什么程度的医院感染时，应向所在地的县级地方人民政府卫生行政部门报告，并同时向所在地疾病预防控制机构报告? 报告的时限是多少小时?

问题 6.2 发生医院感染暴发时，应怎样进行调查和处置?

【课题 7】 医院感染监测是医院感染控制的基础，为医院感染管理提供了科学依据。全面综合性监测是指连续不断地对医院所有科室、所有患者和医务人员的医院感染及其相关危险因素等进行综合性监测，通常在监测的初始阶段所采用。根据对全面性监测的数据的分析，可进一步开展医院感染的目标性监测。

问题 7.1 结合以上案例，讨论医院感染的目标性监测的重点部门有哪些?

问题 7.2 目标性监测的重点人群、重点操作及主要病原体有哪些?

（高玉敏 李海玲）

实习 17　Epi Data 软件在流行病学调查中的应用简介

【目的】　掌握 Epi Data 3.1 软件进行数据库的建立与管理。

【学时】　2 学时。

【内容】　学习使用 Epi Data 3.1 软件的基本操作步骤，包括创建新 REC 文件，建立 CHK 文件，设置跳转命令等，并学习数据的录入、控制，如建立 CHK 文件，包括设置跳转命令等。

【Epi Data 简介】　Epi Data 3.1 软件包括如下三种基本的文件类型。

（1）QES 文件：调查表文件，决定数据库结构。

（2）REC 文件：数据文件，主要用于存放数据。

（3）CHK 文件：核对文件，存放控制数据录入的核对规则，起质量控制作用。

和 Epi Info 软件一样，Epi Data 3.1 也是由 QES 文件来决定数据库结构，然后根据该数据库结构文件生成 QES 文件。因此，一个最简单的数据库创建工作至少要包括以下两步。

（1）数据库建立——根据调查表制作数据库 QES 文件。

（2）生成数据文件——根据 QES 文件生成 REC 文件。

从理论上说，有了 REC 文件就可以进行数据录入了，但是在实际工作中往往需要对数据录入进行质量控制，如对某些字段设置合法值、跳转等。这些质量控制工作需要专门的 CHK 文件来完成。因此，在数据库创建过程中一般还包括编写核对程序。

（3）编写核对程序——生成 CHK 文件。

在 Epi Data 3.1 软件中，在其主界面的上标示出了数据库创建过程，如图 17-1 所示。

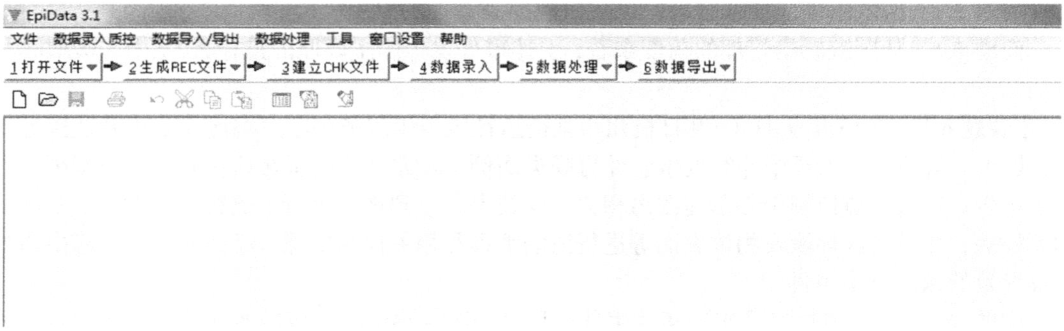

图 17-1　Epi Data 3.1 主界面

【操作步骤】

1.1　建立调查表文件实例

1.1.1　生成 QES 文件

如图 17-2 所示，点击“生成调查表文件（QES 文件）”后便出现 QES 文件的文本框；接下来，我们就可以在此文本框内编写内容了。

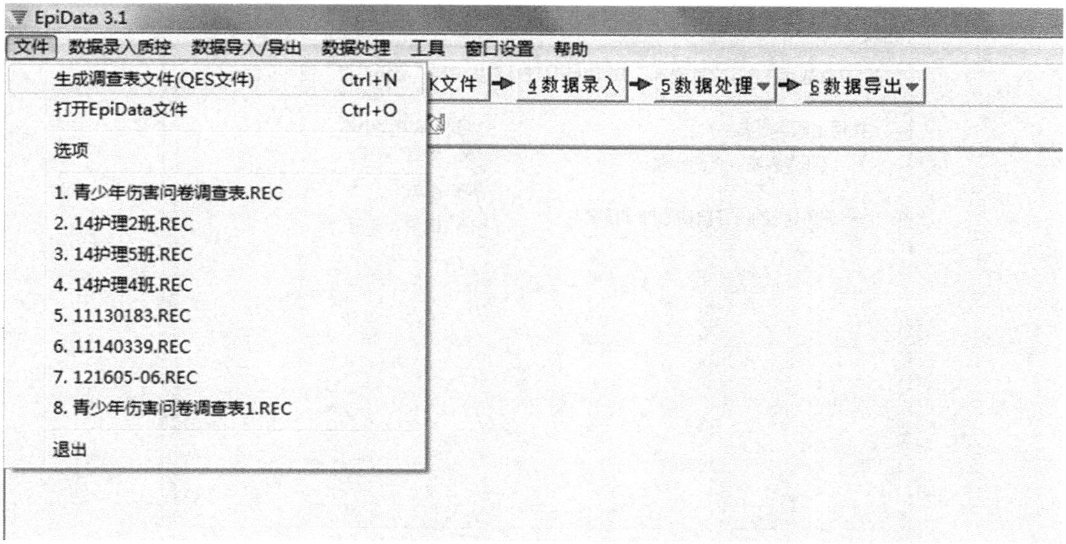

图 17-2　QES 文件生成界面

1.1.2　QES 文件文本框内容编辑

下面的这个例子，即为 QES 文件的文本框内编写的内容。

1.调查表编号	{ NO }	@####
2.姓名	{ name }	@__________
3.性别	{ gender }	@#　①男　　②女
4.调查日期	{ date }	@<yyyy/mm/dd>

（1）说明如下。

第 1 句

"调查表编号"：说明性文字，在由. QES 文件生成数据库文件时不编译，起提示作用，便于录入。

"QuestNum"：字段（变量）名，字段记录的就是调查表编号。

"{ }"：Epi Data 字段命名的一种方式（其他请参见使用手册），字段名外不加"{ }"也可以，Epi Data 会根据系统的设置自动生成字段名（如 n1aa，n2，n3ae 等）。建议使用者打开 Epi Data3. 1 界面后，首先对字段命名方式进行选择。具体是依次菜单"文件""选项"和"生成 REC"文件，出现如图 17-3 所示界面，在"如何生成字段名"对话框下选择'使用{}内的内容自动添加字段名"最后点击"确定"。

"@####"：@表示一种对齐方式，可以不用，后面有叙述；####是用来定义 QuestNum 字段的属性的，#代表一位数字，####就代表 4 位数字，也就是说调查表编号最大能输入"9999"。

第 1 句的含义：定义了一个字段"调查表编号"，字段名是"QuestNum"，用于记录 4 位数字形式的数据。

第 2 句

与第 1 句相同部分从略，不同的是@后面的"__________"，当然也是定义字段属性的。

"______"意味着该字段的取值为字符。一个字母用一个"_______"表示（汉字，则要占"______"）。此句的含义是：定义了一个字段"对象姓名"，字段名是 "Name"，用于记录字符形式的数据。

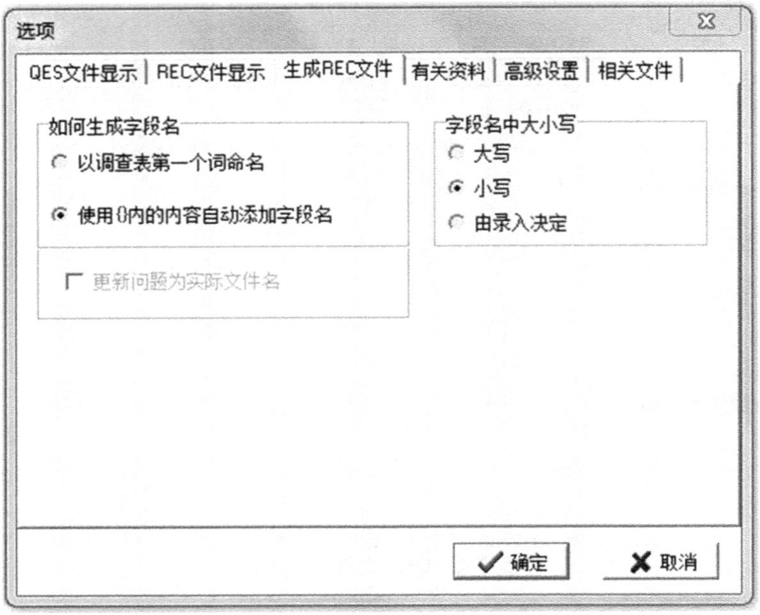

图 17-3　字段名生成方式界面

第 3 句

与第一句大体相同，略。不同的是此句中多了字段名“性别”的两个取值选项（“①男②女”），它们也是说明性文字，其位置前后不限，方便录入即可。另外类似“性别”其取值只有两项的二分类变量，属性定义可以采用罗布尔逻辑变量。此句可写成“性别{sex} ＜Y＞男”，或者“性别{sex} ＜Y＞女”。＜Y＞代表另一种格式的数据：布尔逻辑变量，它的值只能是 Y 或 N（在录入时也可输入 1 或 0，系统自动将其变成 Y 或 N）。

第 4 句

“＜yyyy/mm/dd＞”：定义日期格式的字段，写法是固定的。这一句将“调查日期”的字段名设为“Date”字段属性，设置为 4 位数的年份、2 位数的月份和 2 位数日期的日期数据格式。在 Epi Data 3.1 程序中有 3 种日期格式供选择，分别是美式、欧式和中式，例子中为中式。具体选择何种表达方式应根据调查表登记的日期格式定，方便至上。

将上述 4 句话拷贝到 Epi Data 3.1 的调查表文件文本框内，单击保存，保存为.QES 后缀的调查表文件（图 17-4）。至此，数据库建立工作就完成了一半。

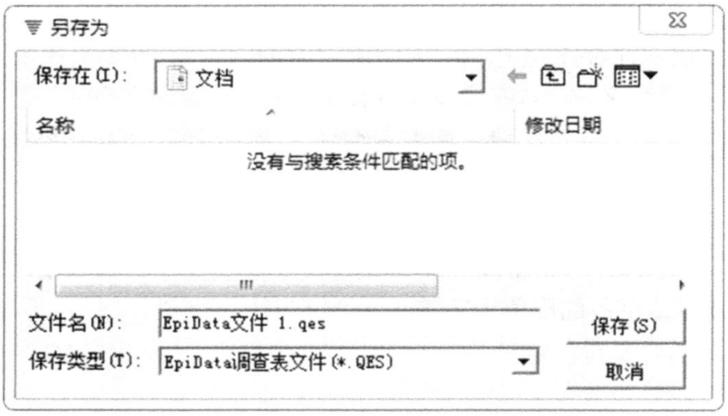

图 17-4　QES 文件保存界面

（2）关键点：定义变量名。

1）不超过 10 个字符。

2）变量名第一个字符必须为字母（A～Z）。

3）中间可有数字。

4）不含空格或标点符号。

1.2　REC 文件生成实例

1.2.1　新建 QES 文件

新建 QES 文件，将 1.1 中的那 4 句 copy 到新建 QES 文件空白的编辑区，如图 17-5 所示。

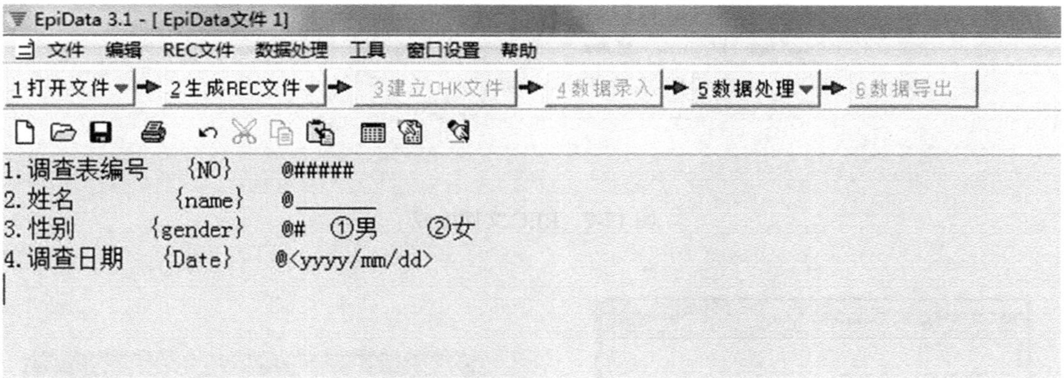

图 17-5　QES 文件编辑区界面

1.2.2　生成 REC 文件

点击“生成 REC 文件”，如图 17-6 所示。一直点击“确定”，这样你的 QES 文件在什么位置，REC 文件便放到同一个文件夹中，见图 17-7。

最后出来的这个文件标记，不用管它，点击“确定”后，你的数据库文件（以.rec 格式）就生成了，如图 17-8、图 17-9 所示。

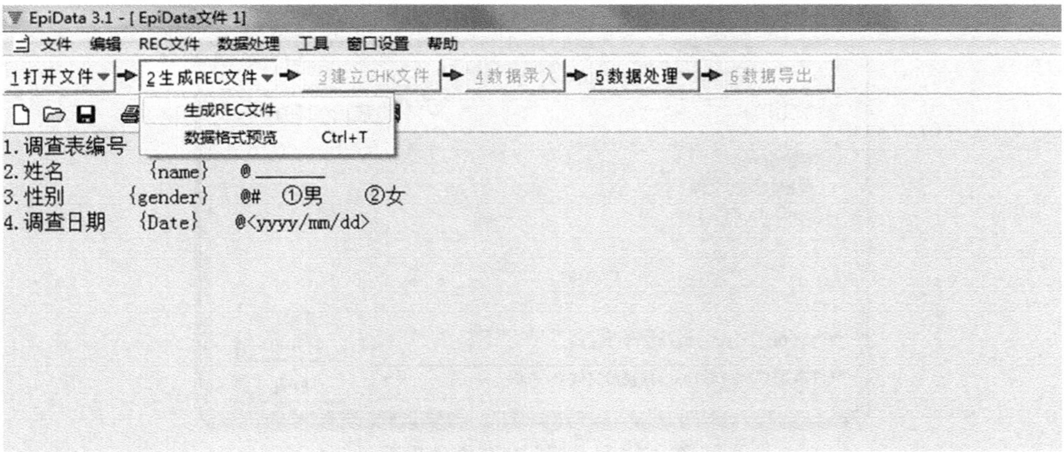

图 17-6　REC 文件生成界面

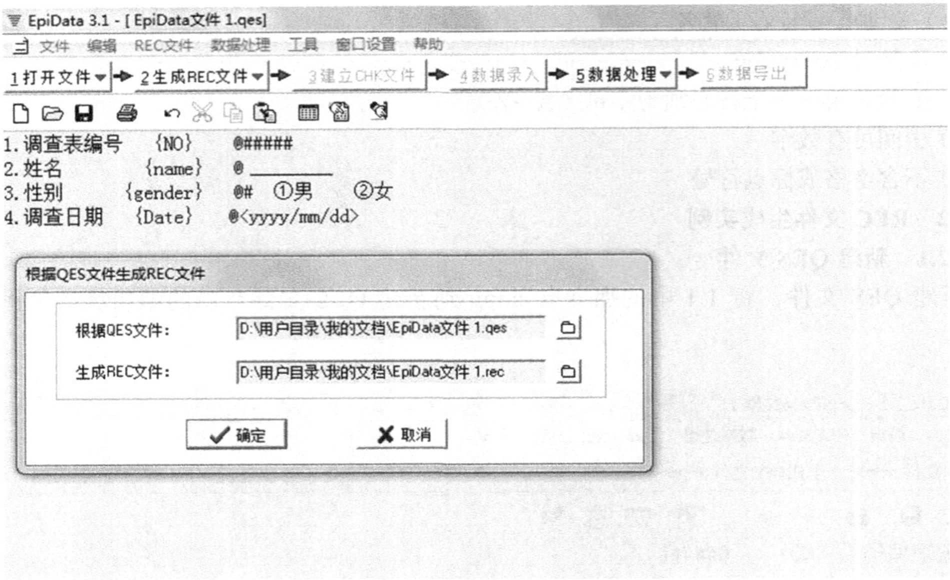

图 17-7　REC 文件生成

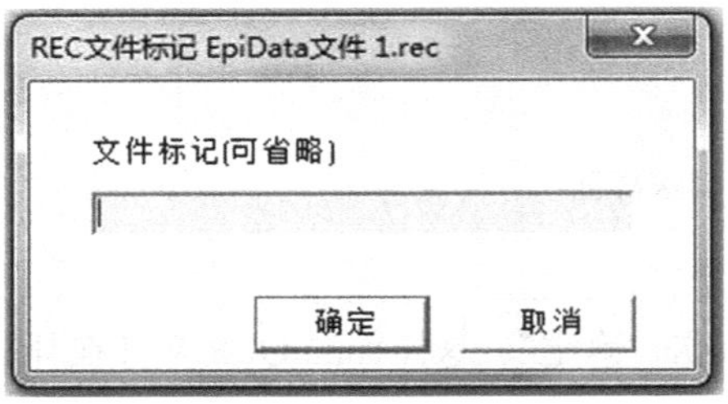

图 17-8　REC 文件生成文件标记

图 17-9　REC 文件生成成功

1.2.3　准备录入数据

点击 Epi data 3.1 工具栏中的“数据录入”菜单，选择“数据录入”菜单，如图 17-10 所示。

图 17-10　打开 REC 文件界面

找到先前生成的那个 Epi data 3.1 文件 1.rec 文件，然后打开，呈现在我们面前的就是数据录入界面，如图 17-11。理论上，现在就可以开始录入数据了。

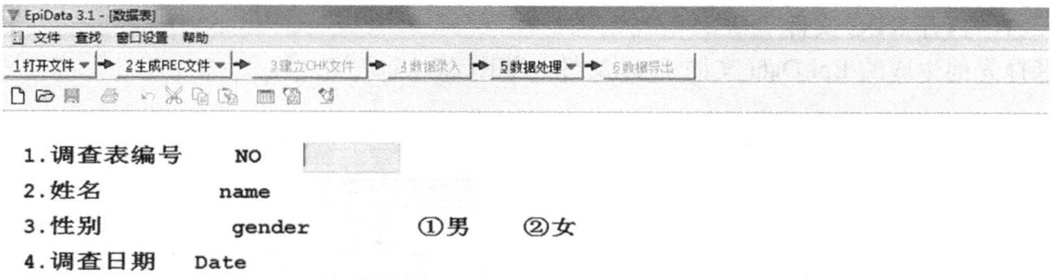

图 17-11 数据录入界面

1.3 数据录入的控制实例

数据的保真性要求数据库管理系统控制数据的录入过程，最大限度减少录入错误并提高录入效率。先通过一个例子直观感受一下数据录入控制的必要性。

图 17-12 中第 5 个条目，有“门诊 outp”“住院 inh”和“住院病案号”三项，这三项中门诊 outp 和其他两项是相斥的，只有住院患者才有病案号。为此我们要求在录完就诊日期后，光标跳到“门诊 outp”项时，如果这个患者是门诊患者，那么在录入“1”或者“Y”后，鼠标会自动移至“住院 inh”项。但是实际上，既然是门诊患者，就不会有“住院 inh”和“住院病案号 pn”两项。此时通过鼠标将光标人工移至“录入者编号 entrylerk”。显然，数据录入过程中，人工移动光标的操作既不方便，也容易出错。若能略过“住院 inh”项目自动跳转到“录入者编号 entrylerk”，则会明显提高录入效率和减少错误。

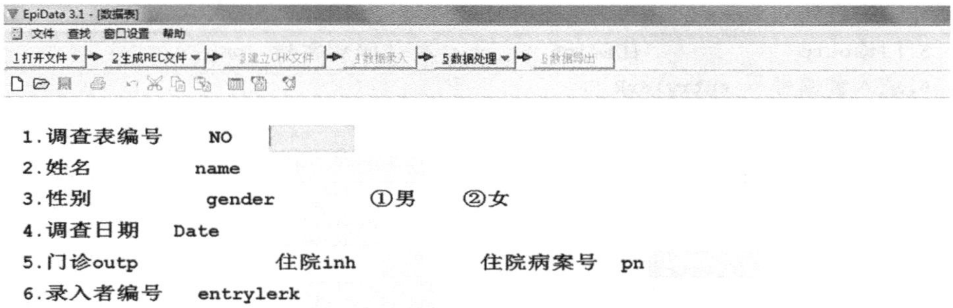

图 17-12 数据录入界面

在 Epi Data3.1 软件中通过 CHK 文件编辑器进行相应的跳转设置就可以满足上述要求。事实上对数据录入的控制还远不止这些，还包括字段允许值的设定、是否必须录入、是否允许重复数值等。

这些控制过程，需要建一个与.rec 文件同名而后缀为.chk 的文件来实现。在启动 Epi Data 后，在工具栏上就能看到建立 CHK 文件的按钮，如图 17-13。

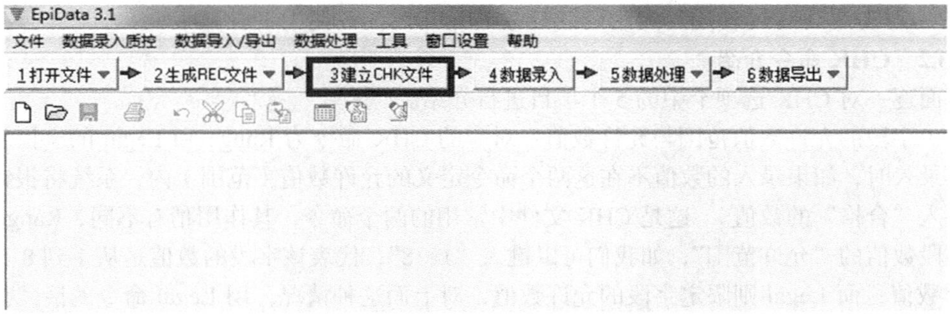

图 17-13 建立 CHK 文件

1.3.1 打开 REC 文件

选择先前生成的 Epi Data 文件 1.rec 文件，如图 17-14。

图 17-14　打开 REC 文件

点击打开后，出现编写 CHK 文件的页面，如图 17-15。

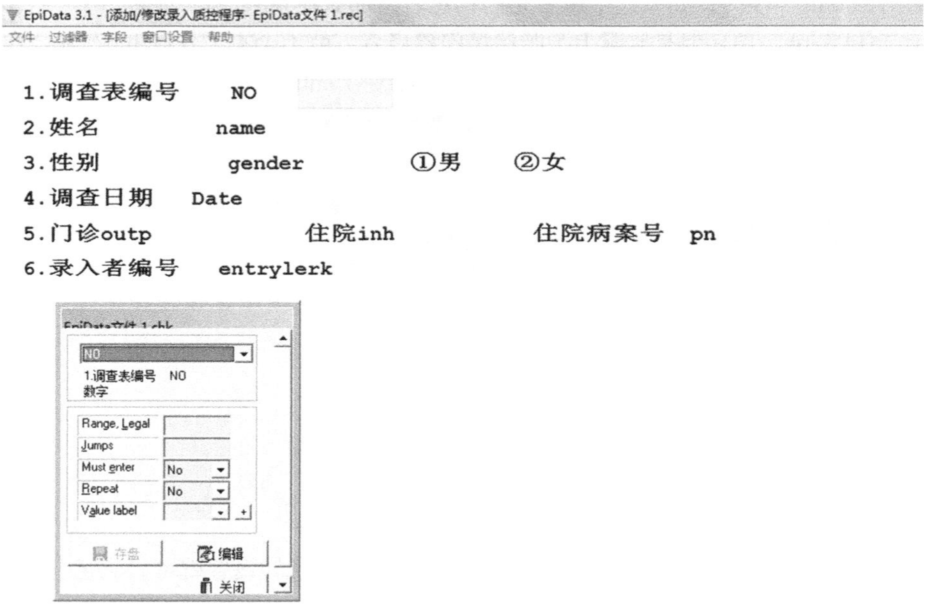

图 17-15　CHK 编写界面

Epi Data 3.1 的 CHK 文件，命令有很多，这个编辑窗口，仅列出了比较常用的几个，其他更为复杂的功能，需要点击“编辑”按钮，以文本编辑方式打开 CHK 文件来编写 CHK 命令，如图 17-16。这些命令的使用，大家可以参考《Epi Data3. 1 使用手册》。

1.3.2 CHK 命令介绍

下面逐一对 CHK 选项卡中的 5 个项目进行介绍。

（1）字段的允许数值范围与允许数值：对应的 CHK 命令为 Range 和 Legal 的“控制”作用：在录入时，如果录入的数值不在这两个命令定义的允许数值（范围）内，系统将报错，需重新录入“合格”的数值。 这是 CHK 文件中常用的两个命令，其作用稍有不同，Range 限定的是字段数值的“允许范围”，如我们可以键入“1～8”，代表该字段的数值是从 1 到 8 且连续的 8 个数值；而 Legal 则限定字段的允许数值，对上面这种情况，用 Legal 命令的话，我们需要键入“1，2，3，4，5，6，7，8”，如果实际情况是既有连续的数值，又有不连续的，那这两个命令可以一起用。例如，键入“1～6，8，9”，表示这个字段共允许 6 个数值，包括 1 到 6 连续 6 个数以及 8 和 9。如果录入时输入“7”系统会报错，提示“非法录入”，同时还提示应该输入的允许数值（范围），如图 17-17 所示。

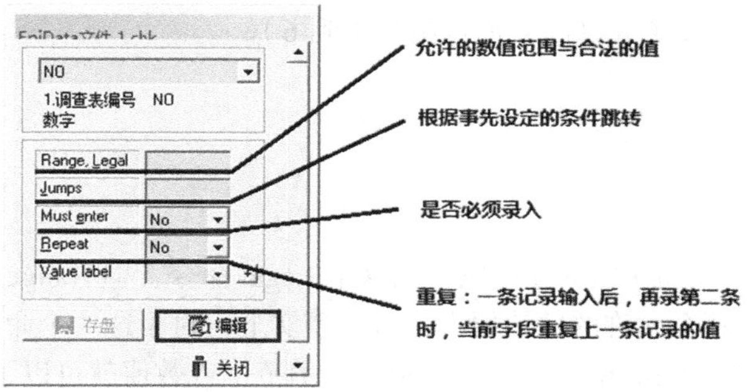

图 17-16　常用的 CHK 命令

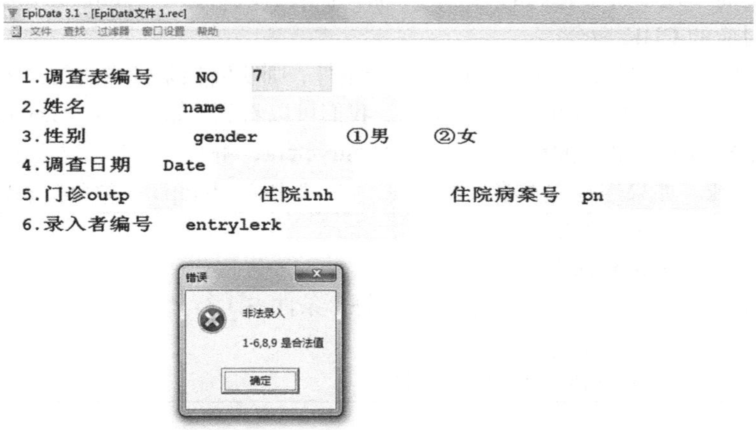

图 17-17　CHK 控制效果展示

还记得上一个图中那个“编辑”按钮吗？我们点击它看看里面是什么，如图 17-18。

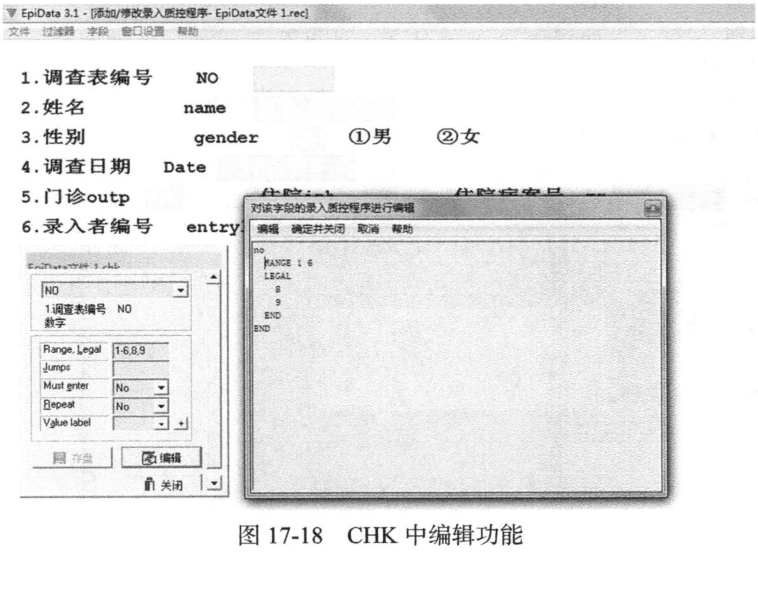

图 17-18　CHK 中编辑功能

这是对当前字段的 CHK 命令进行文本方式的编辑（其实 Epi Data 的文件基本都是文本格式，只不过文件的后缀不是.txt 罢了）。在里面我们可以看到，一个合格的 CHK 命令是字段名加 CHK 命令，以 END 结尾。

Range 命令的用法是：

RANGE 1　6（它定义了允许的数值范围是 1 到 6）。

Legal 的用法是：

LEGAL
8
9
END

注意：很多 CHK 命令都以 END 结尾，如这个 Legal 命令，但 Range 命令不需要。

对于 Legal 命令，每个允许的数值要占一行。事实上，对于这两个命令，我们不需要以文本方式编辑，直接在图 17-14 中的选项卡上填入数值范围或数值就可以了（以英文“,”分隔每个单独的数值），而对于选项卡中没有的命令，我们必须用编辑文本自己编写。好了，这两个命令我们已经简单地了解了它们的用法，下面我们看看跳转命令 Jumps 怎么用。

（2）跳转对应的 CHK 命令

Jumps 的“控制”作用是，如果录入的值符合条件，则跳转到条件中进行录入。这是一个很常用的 CHK 命令，格式也很简单，如图 17-19，我们可以看到，如果在 Epi Data 3.1 文件 1. chk 那个选项卡中编辑 Jumps 命令的话，格式是 1>entryclerk，解释：如果录入的值等于 1 则将跳转到字段 entryclerk。如果进行文本格式的编辑（图 17-19），Jumps 的命令格式是：

Outp	这个是字段名
JUMPS	Jumps 命令开始
1 Entryclerk	跳转条件，可以有多个，每个条件占 1 行
END	Jumps 命令结束
END	outp 字段的 CHK 命令结束

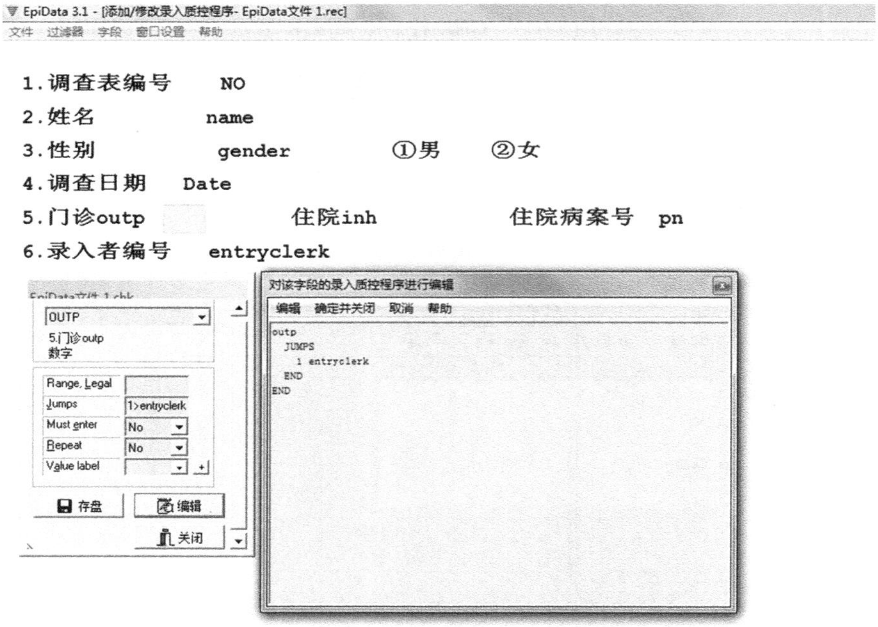

图 17-19　JUMP 跳转命令

上面这种情况，是一个跳转命令，如果有多个跳转怎么办？在 CHK 选项卡中设置的话，是用英文的“,”分隔不同的跳转命令，如 1>entryclerk，2>inh。

这里有一个小窍门，在使用 CHK 选项卡的实际操作中，我们不必书写 Jumps 将要跳转到的字段名称，用鼠标就可以完成：当在 CHK 编辑选项卡的 Jumps 编辑框中，已经输入了“1>”之后，我们用鼠标点击数据录入界面（图 17-18 中白色背景）中，我们需要跳转到的那个字段对应的输入框（白色背景中的黄色输入框）。例如，我们点击“录入者编号”后面那个输入框，则我们正在编辑的 Jumps 命令“1>”将成为“1> entryclerk”，而不必我们手动输入了。

（3）是否必须录入：对应的 CHK 命令为 Must enter“控制”作用：在录入时，如果设置了 Must enter（默认是 NO，不设置），则该字段必须录入数据，即不能为空（对与错无法控制）。设置见图 17-19。

Must enter 的设置非常简单，在 CHK 选项卡中，只有两个选项，第一个是“NO”，第二个是“YES”，图 17-20 中选择了“YES”。点击 CHK 选项卡下方“编辑”按 钮，用文本方式打开该字段的 CHK 命令，我们可以看到这个命令的格式：

Sex	字段名称
MUSTEN TER	设置为“YES”的情况，若为“NO”、MUSTENTER 则不出现
END	该字段的 CHK 命令结束，注意不是 MUSTENTER，MUSTENTER 不需以 END 结尾的 CHK 命令

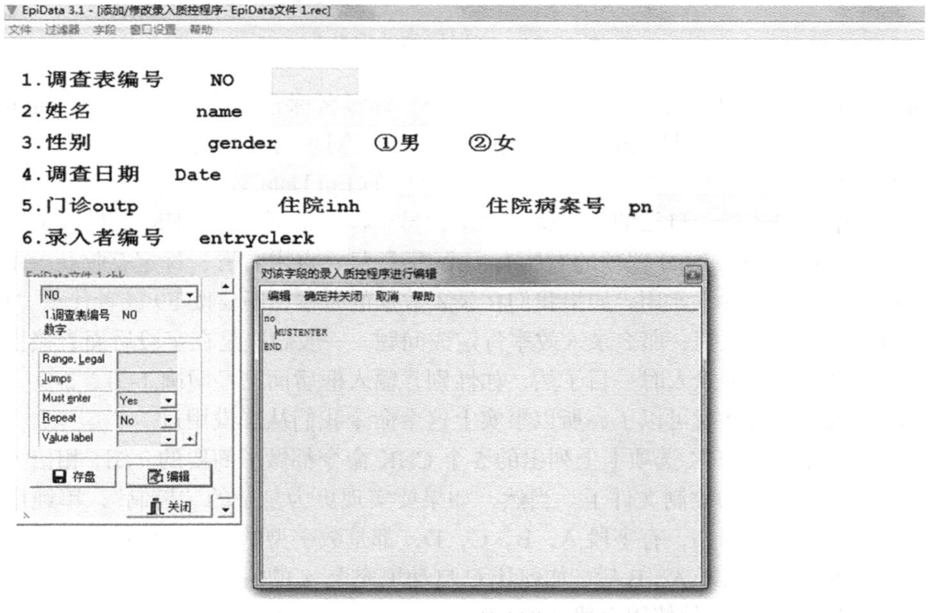

图 17-20 Must enter 控制作用设置界面

（4）是否允许重复值：对应的 CHK 命令为 Repeat“控制”作用：在录入时，如果设置了 Repeat（默认是 NO，不设置），则在录入时，设置了 Repeat 的字段，将自动填充上一条记录中该字段的值。当然这个值是允许被修改的。这个命令主要用于字段值较少变化的情况。例如，我们的调查表最后一项是录入者编号，我们可以应用 Repeat 命令，在我们录入下一条记录时，录入者编号相同，不用我们去录入了。如果当前记录，修改了这个字段的值，那么在之后录入的数据中，将调用修改后的新值。这个功能非常实用。Repeat 命令的格式与 Must enter 是相同的，这里就不截图了。其实，还有另外一种情况，那就是在一条记录中，如何重复当前记录中某一字段的值，这个实现起来也很简单，大家可以动动脑筋。

（5）字段的标签：启用标签，对应的 CHK 命令为 COMMENT LEGAL USE（USE 后面跟标签的名称）。标签的“控制”作用：录入时，如果设置字段的标签，则在录入该字段数据时，按 F9 或者数字键盘上的“+”号，则该字段定义的标签将被调出来显示，以达到提示作用，如图 17-21 所示。

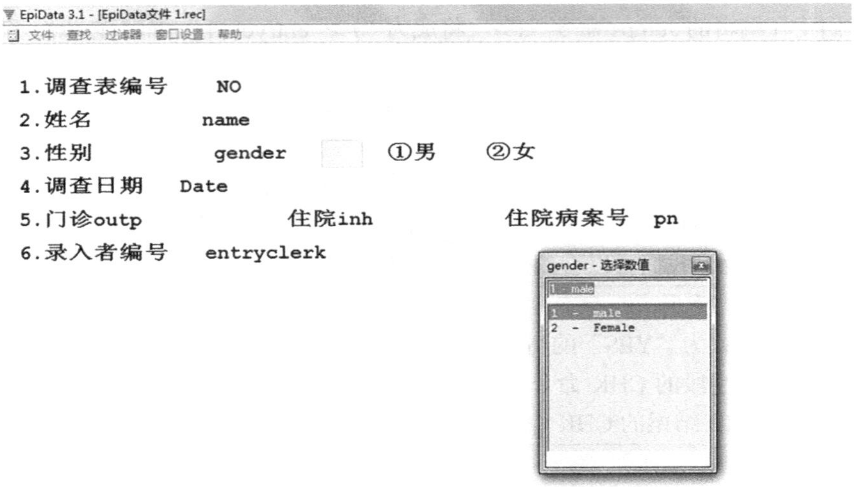

图 17-21 字段标签的定义

目前，在 Epi Data 3.1 系统中默认标签有 3 个，标签名称分别是 agegroups、conti-nent 和 sex，分别用于年龄组、洲及性别的标识。Epi Data 3.1 可对现有标签进行编辑，也可自定义新的标签，方法有两种：一种是更改 Epi Data 3.1 目录中的 Epi Data 3.1，lbl 这个文件，用记事本打开，按照其中的格式加入自己的标签就可以了；另一种是也可以在 CHK 文件编辑器里来自建。在图 17-20 中，Value label 选项的右侧有一个“+”号，点击看看，肯定有收获。不过，一般认为标签的这个功能并不实用，如果我们在录入数据的时候，还要按 F9 或者什么“+”号来看看我们需要录入什么数值，那么录入效率肯定成问题。一般做法是在字段后面直接把需要标示的内容写出来，在数据录入时一目了然，如性别，输入框后面已经明确 1-男，2-女，在录入时根据情况录入 1 或者 2 就可以了，所以事实上这个命令我们从来没用过。

至此，我们已经把 CHK 选项卡上列出的 5 个 CHK 命令都做了简要的介绍，相信大家已经能够写出符合自己要求的控制文件了。当然，如果要实现更为复杂的“控制”，单纯用以上 5 个命令是无法完成的。例如，有字段 A，B，C，D，都是数字型的，D =A+B+C，如何实现 D 值自动填充？再如，录入了 A，B 后，如何让 C 自动填充上 A 的值？等等，有兴趣的读者可以多花时间看看 Epi Data 3.1 的使用手册。

（金岳龙 余结根）

实习 18　Review Manager 5.1 软件在 Meta 分析中的应用

【目的】 掌握 Review Manager（Ret Man）5.1 软件进行连续性变量和二分类变量 Meta 分析的操作和结果解释。

【学时】 3 学时。

【内容】 学习使用 RevMan5.1 软件的基本操作步骤，包括创建新文件、导入文献、录入数据、进行统计分析、绘制森林图和漏斗图。本实习主要介绍连续性变量和二分类变量类型数据如何利用 RevMan 进行分析。

【原理】

（1）Meta 分析计数资料常用的描述性指标主要有 RD、OR、RR 等，通常以两组发生事件数和未发生事件数来表示，即经典的“2×2 表格”。

OR 值计算公式：$\mathrm{OR}=\dfrac{P_1/(1-P_1)}{p_0/(1-p_0)}=\dfrac{ad}{bc}$

OR 的 CI 为：exp[ln（OR）$\pm u_\alpha$SE（lnOR）]

OR 等于 1.0，提示没有意义；OR 大于 1，提示暴露于危险性增高有关；OR 小于 1，提示有保护作用。

（2）Meta 分析计量资料的单个研究主要使用加权均数差（WMD）和标准化均数差（SMD）描述其效应量。

1）WMD 用于所有研究具有相同连续性结局变量和测量单位，RevMan 软件设定计算 WMD 权重为方差的倒数，5.0 及以上版本用 MD 表示，该指标反映试验原有测量单位，真实反映试验效应，消除了绝对值大小对结果的影响，计算方式如下所示。

某个研究的两均数差：$d=\overline{X_1}-\overline{X_2}$

两均数差的方差：$\mathrm{Var}(d)=\dfrac{S_1^2(n_1-1)+S_2^2(n_2-1)}{n_1+n_2-2}\times\dfrac{n_1+n_2}{n_1n_2}$ （n_1, n_2分别为两组的样本量）

两均数差的标准误：SE（d）$=\sqrt{\mathrm{Var}(d)}$

两均数差的 95%CI：$d\pm\ t_{0.05,\mu}\mathrm{SE}(d)$

2）标准化均数差（SMD）为两组估计均数差值除以平均标准差，该指标适用于单位不同或均数相差较大的数值资料。

某个研究的标准化均数差：$d=\dfrac{\overline{X_1}-\overline{X_2}}{S_C}\left(1-\dfrac{3}{4N-9}\right)$

$$S_C=\sqrt{\frac{S_1^2(n_1-1)+S_2^2(n_2-1)}{n_1+n_2-2}}$$

标准化均数差的方差：Var（d）＝ $\dfrac{N}{n_1n_2}+\dfrac{d^2}{2(N-3.94)}$

WMD 和 SMD 的森林图无效线竖线的横轴尺度为 0，每条横线为该研究的 95%CI 上下限的连线，线条长短表示 CI 范围大小，线条中央的小方块为 WMD 或 SMD 值的位置，方块大小为该研究权重大小。如果某个研究 95%CI 线条横跨无效竖线，表示该研究无统计学意义；若该横线落在无效竖线左侧或右侧，该研究有统计学意义。

（3）Meta 分析统计模型主要分为固定效应模型和随机效应模型。固定效应模型适用于各独立研究间无差异或差异较小的研究。随机效应模型假定各研究来自不同总体，变异较大，其研究结果的差异可由研究内变异（随机抽样）与研究间差异（总体不同）造成。随机效应模型可以代替固定效应模型，但固定效应模型不能完全替代随机效应模型。固定效应模型主要有 M-H 法、Peto 法；随机效应模型统计方法主要是 DerSimonian-Laird 法。

（4）异质性检验（I^2 检验）

I^2 统计量反映异质性部分在效应量总的变异中所占的比例。计算公式如下：

$$I^2=\frac{Q-(K-1)}{Q}\times 100\%$$

其中，Q 为异质性检验的 χ^2 值，K 为纳入 Meta 分析的研究个数。

I^2 为 0～40%，轻度异质性；40%～60%为中度异质性；50%～90%为较大异质性；75%～100%为很大异质性。在 Cochrane 系统评价中，只要 I^2 不大于 50%，其异质性可接受。

【操作步骤】

1.1　连续性变量实例

1.1.1　创建一个新的研究

1.1.1.1　新建一个系统评价

从菜单选择—File（文件）—New（新建）—点击 Next（下一步），见图 18-1。

图 18-1

1.1.1.2　选择系统评价类型

系统评价类型共有 5 种，见图 18-2。

Intervention review：干预评价。

Diagnostic test accuracy review：诊断试验评价。

Methodology review：方法学评价。

Overview of reviews：同类系统评价。

Flexible review：灵活评价。

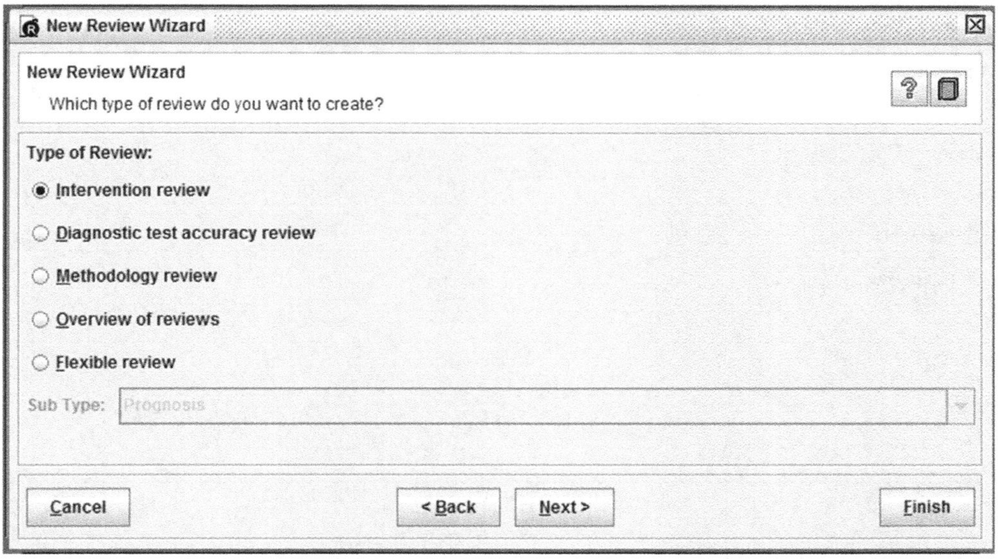

图 18-2

这里选择 Intervention review（干预评价）—点击 Next（下一步）。

1.1.1.3　输入系统评价的标题

以 12 项成年营养不良患者两种胃饥饿素治疗效果的研究为例，在此输入“Ghrelin versus placebo for malnourished patients”（图 18-3）。

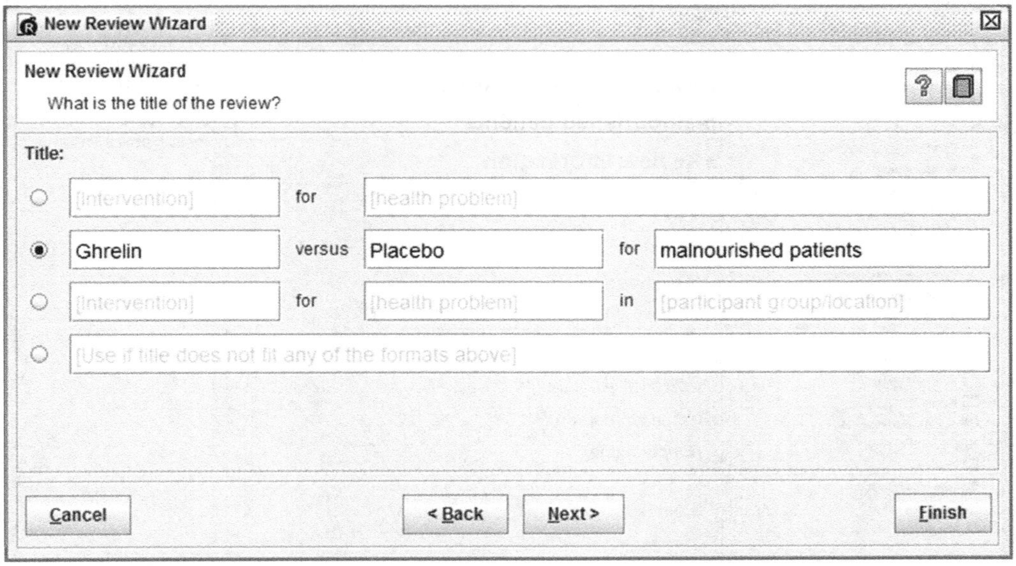

图 18-3

1.1.1.4　选择系统评价的类型

选择 Full review（全文）—点击 Finish（完成）（图 18-4）。

图 18-4

弹出界面见图 18-5。

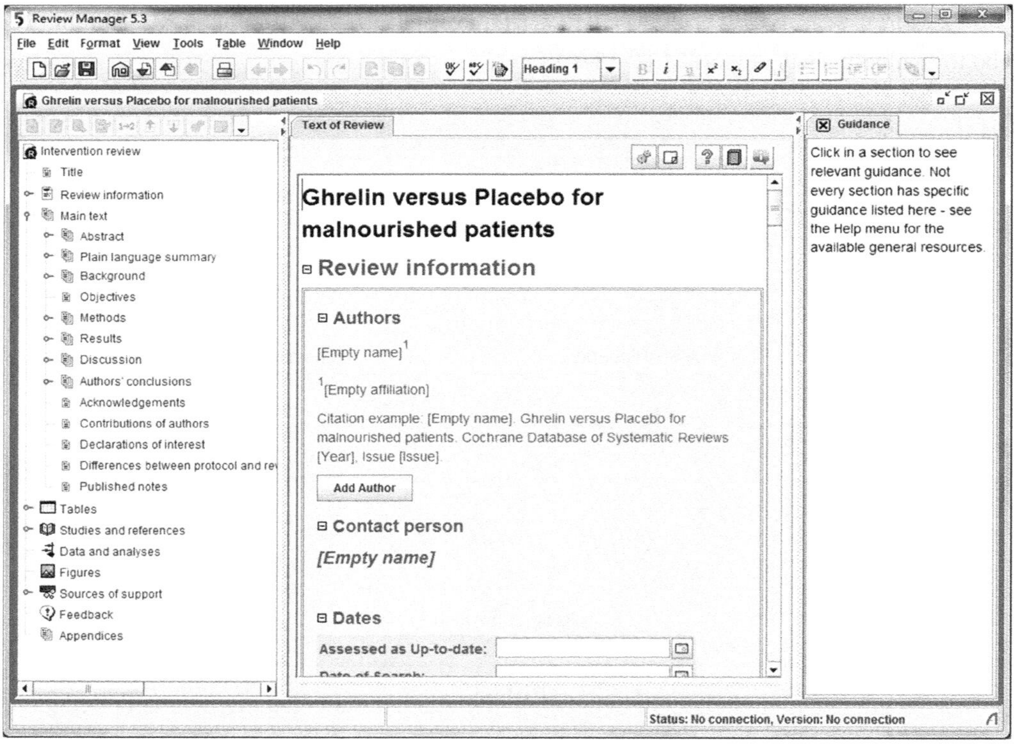

图 18-5

1.1.2 添加纳入研究

1.1.2.1 展开面板

点击大纲面板中 Studies and reference（研究和参考文献）旁的钥匙图标，再次点击 References to studies（研究的参考文献）旁的钥匙图标，见图 18-6。

1.1.2.2　添加纳入研究

右键点击 Include studies（纳入研究）—选择 Add Study（添加研究），见图 18-7。

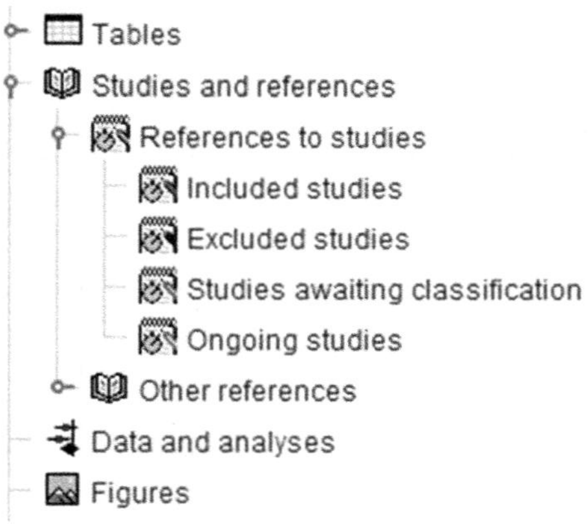

图 18-6

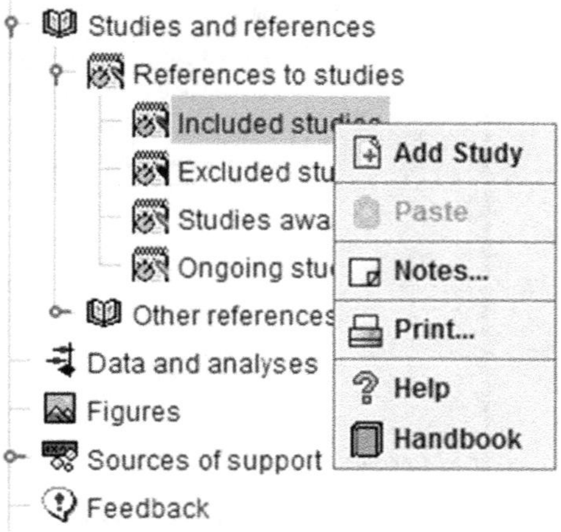

图 18-7

1.1.2.3　输入研究名称

在此我们输入“Neary 2004”—点击 Next（下一步），见图 18-8。

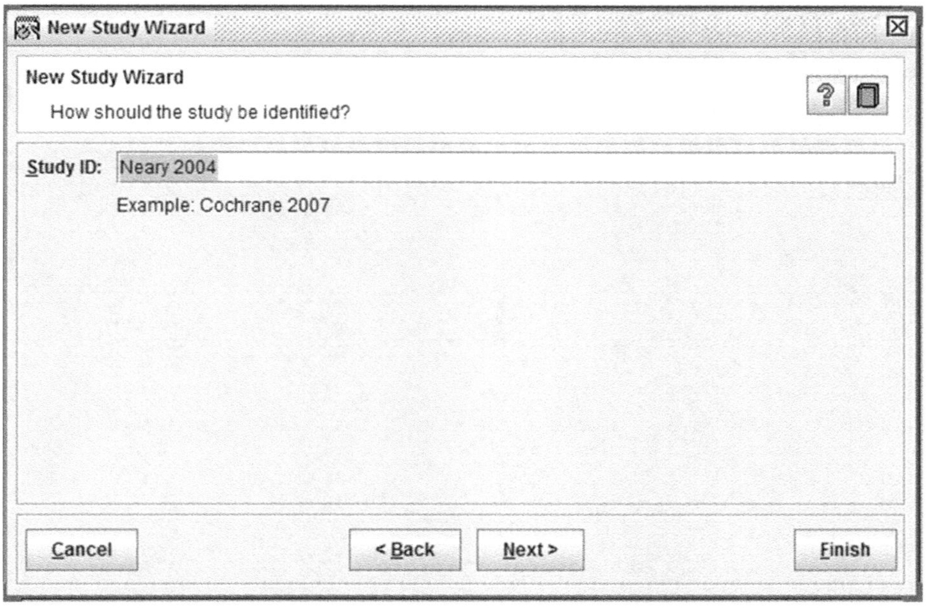

图 18-8

1.1.2.4　选择研究来源

可以选择 4 种来源：①Published data only（已发表研究）；②Published and unpublished data（已发表和未发表研究）；③Unpublished data only（未发表研究）；④Published data only（unpublished sought but not used）（已发表研究，检索但未包含未发表研究）。在此我们选择默认项 Published data only（unpublished not sought）—点击 Next（下一步），见图 18-9。

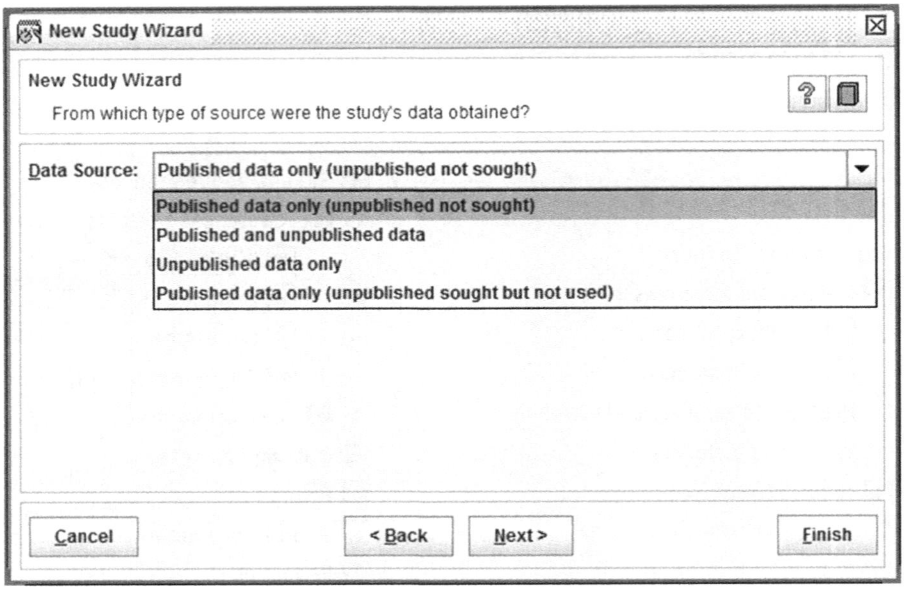

图 18-9

1.1.2.5　输入研究发表年份

接受默认选项—点击 Next（下一步），见图 18-10。

图 18-10

1.1.2.6　添加研究识别码

不添加研究识别码—点击 Next（下一步），见图 18-11。

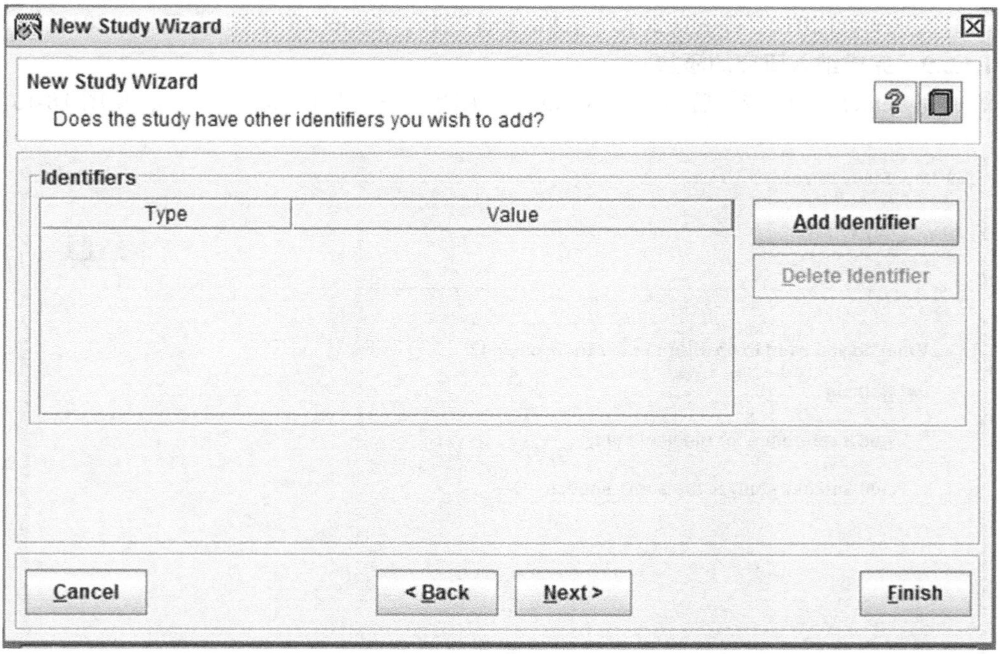

图 18-11

1.1.2.7　添加下一个研究

选择 Add another study in the same section（继续添加下一个研究）—点击 Continue（继续），见图 18-12。

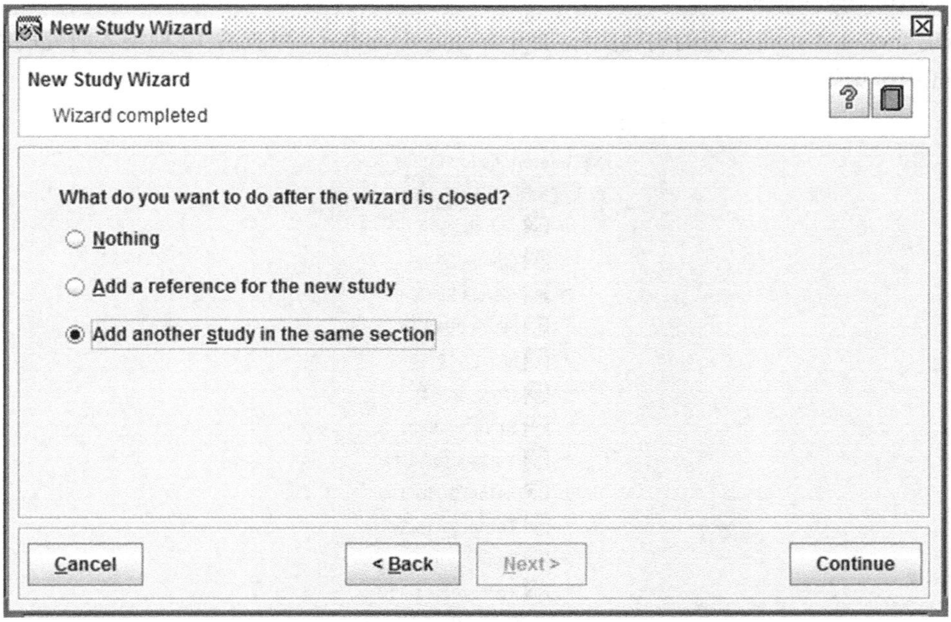

图 18-12

1.1.2.8　添加全部纳入研究

继续添加纳入研究 Wynne 2005，Ashby 2009，Yamamoto 2010，Shinichi 2010，Miki 2012，

Hiura 2012，Garcia 2012，Garcia 2015，Takayama 2016，Temel 2016（1），Temel 2016（2）。

1.1.2.9　完成纳入研究的添加

添加完 Temel 2016（2）后—选择 Nothing（关闭）—点击 Finish（完成），见图 18-13。

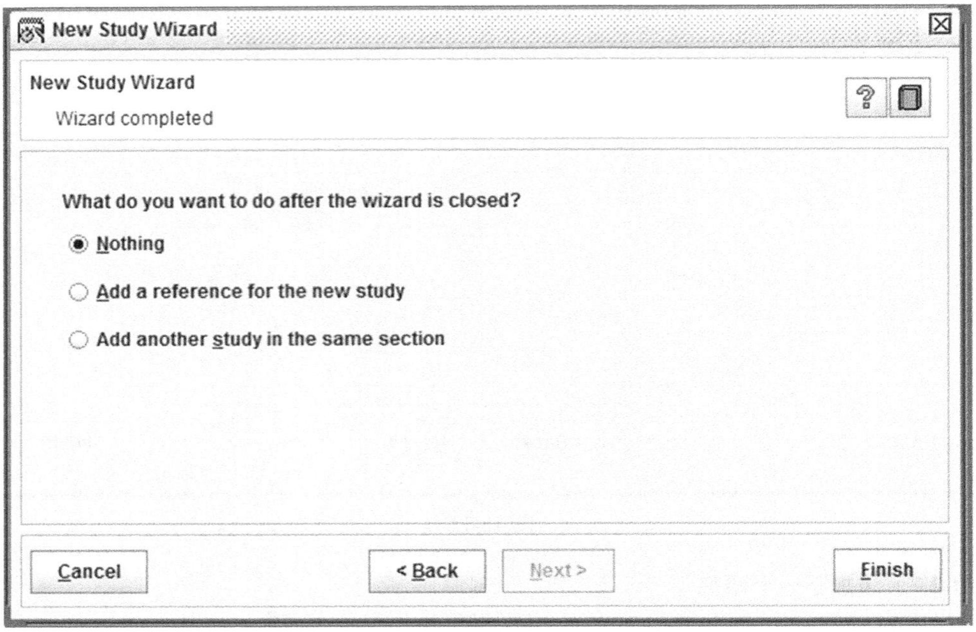

图 18-13

1.1.2.10　展开面板

点击 Included studies 旁的钥匙图标-展开 Included studies，可查看 12 项纳入研究已添加进 RevMan 中，见图 18-14。

图 18-14

1.1.3　添加比较和结局

1.1.3.1　添加比较

右击 Data and analyses（数据和分析）—选择 Add Comparison（添加比较），见图 18-15。

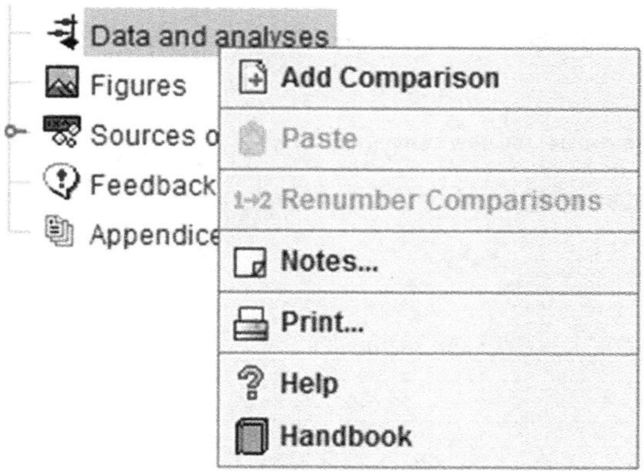

图 18-15

1.1.3.2　输入比较名称

在此我们输入"Ghrelin versus Placebo"—点击 Next（下一步），见图 18-16。

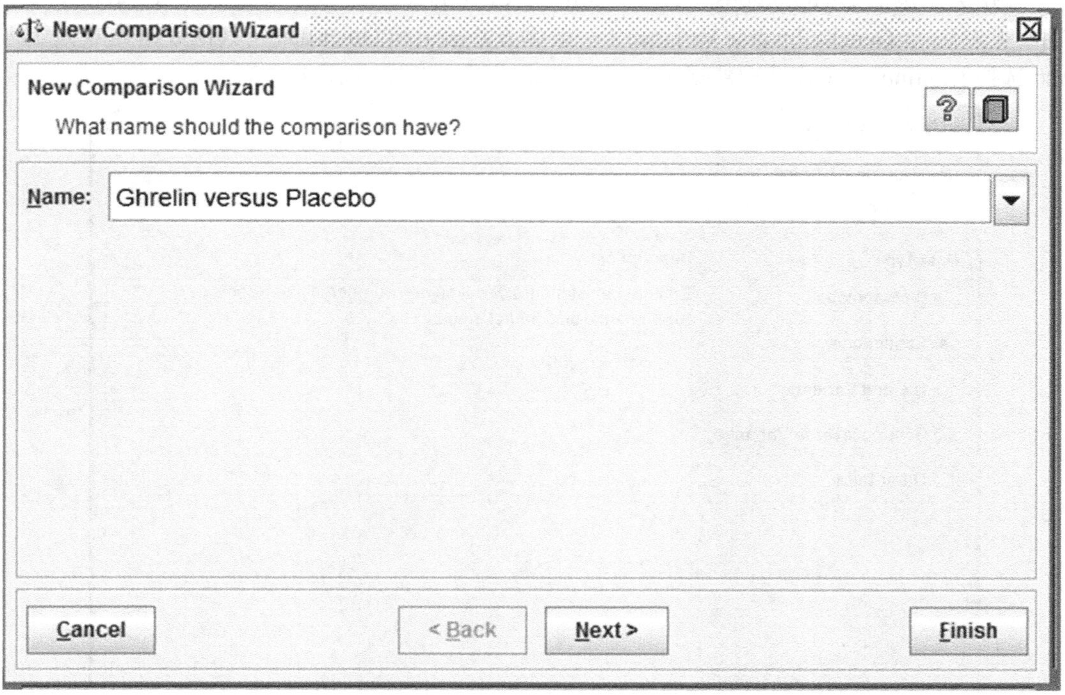

图 18-16

1.1.3.3　添加结局

选择 Add an outcome under the new comparison（在该比较下添加结局）—点击 Continue（继续），见图 18-17。

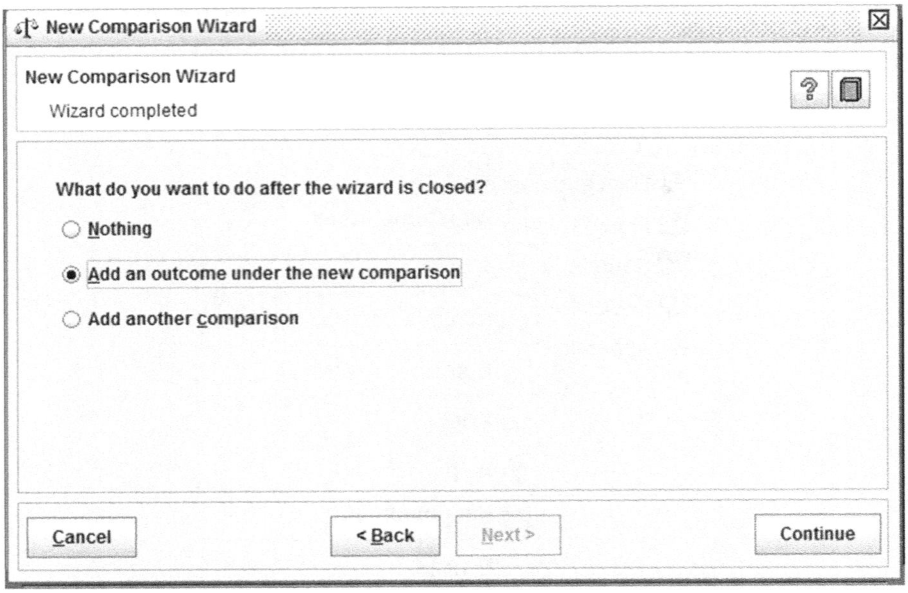

图 18-17

1.1.3.4 选择数据类型

数据类型包括 Dichotomous（二分类变量）、Continuous（连续型变量）、O-E and variance（期望方差法）、Genetic Inverse Variance（一般倒方差法）和 Other data（其他数据类型）。这里我们选择 Continuous（连续型数据）—点击 Next（下一步），见图 18-18。

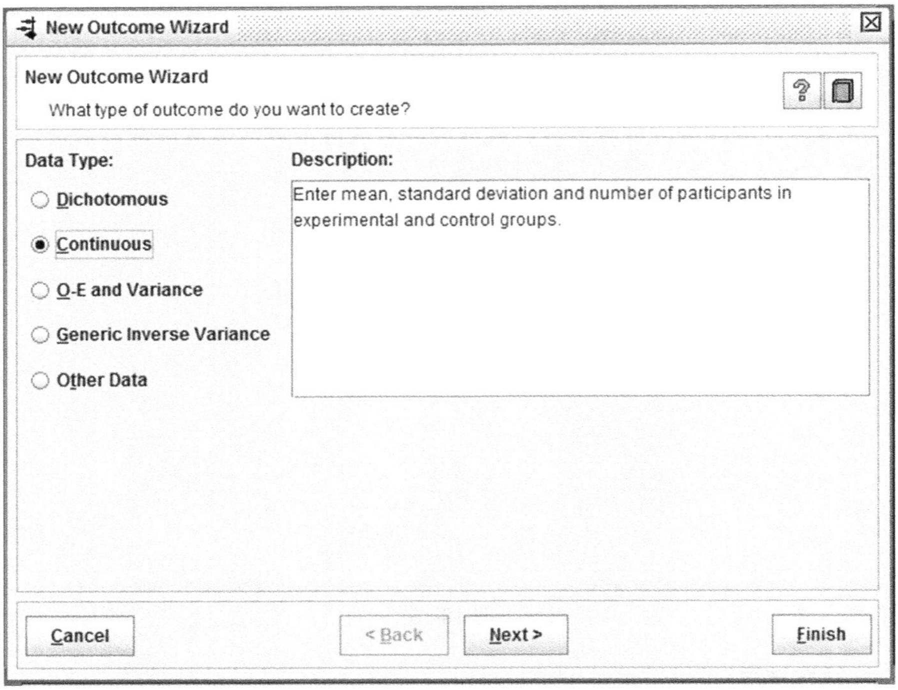

图 18-18

1.1.3.5 输入结局名称

在 Name 对话框中输入“EI”，Group Lable 1 中输入“Ghrelin”，Group Lable 2 中输入

"Placebo"—点击 Next（下一步），见图 18-19。

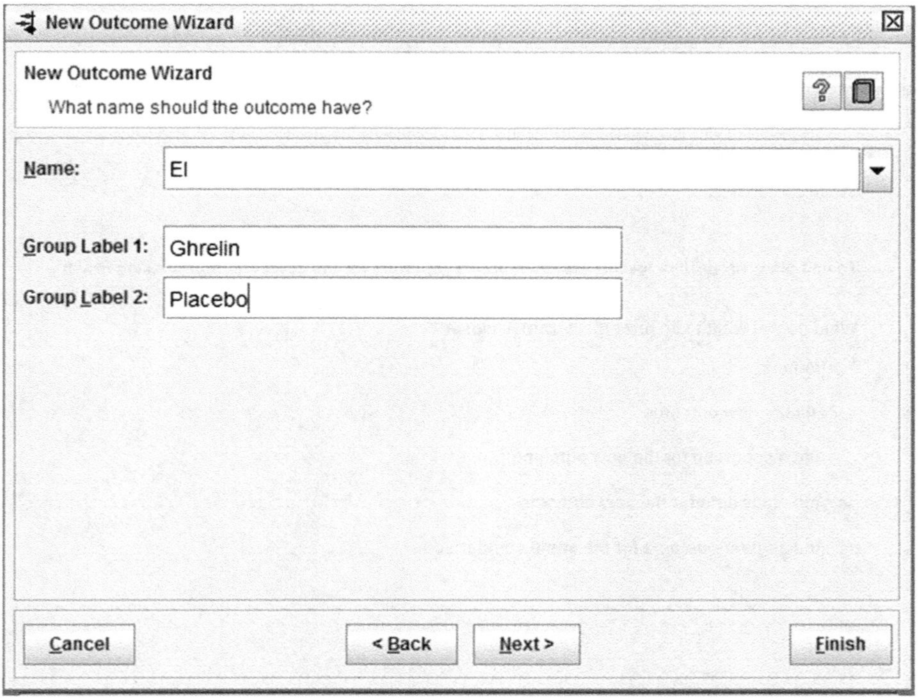

图 18-19

1.1.3.6 选择分析方法

接受默认选项—点击（Next），见图 18-20。

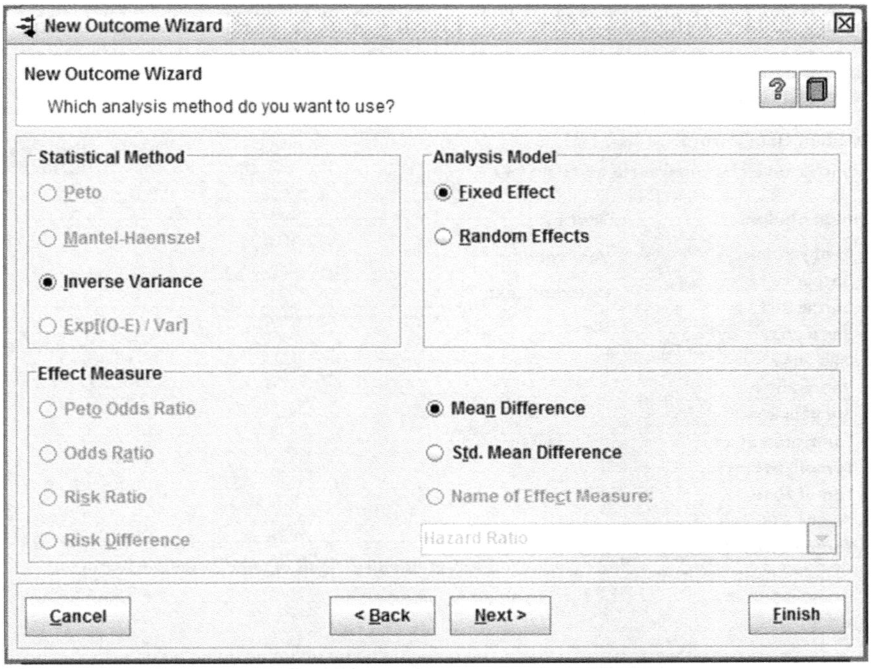

图 18-20

1.1.3.7 为结局添加相关研究

选择 Add study data for the new outcome（为该结局添加研究数据）—点击 Continue，见图 18-21。

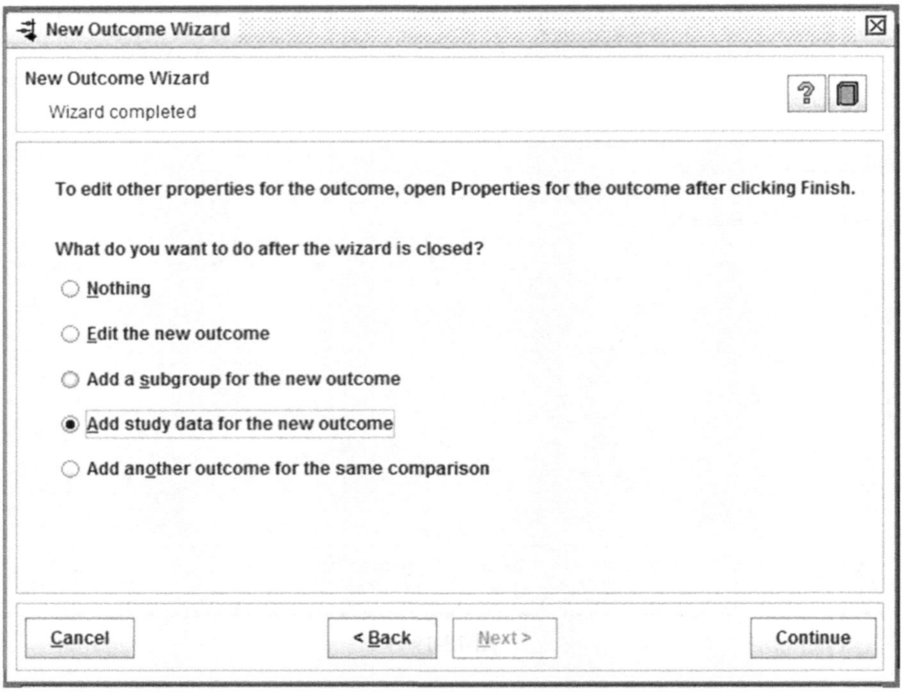

图 18-21

1.1.3.8 选择纳入研究

选择 Neary 2004 在内的 8 篇文献—点击 Finish（完成），见图 18-22、图 18-23。

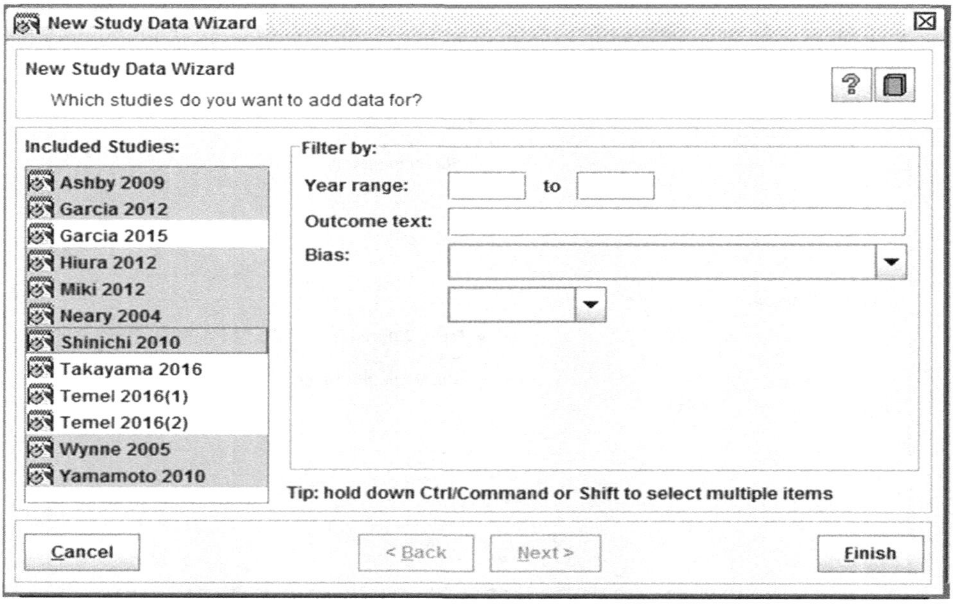

图 18-22

Text of Review | 1.1 EI

Comparison: 1 Ghrelin versus Placebo, Outcome: 1.1 EI

Study or Subgroup	Ghrelin Mean	Ghrelin SD	Ghrelin Total	Placebo Mean	Placebo SD	Placebo Total	Weight	Mean Difference IV, Fixed, 95% CI
Yamamoto 2010	0	0	0	0	0	0		Not estimable
Wynne 2005	0	0	0	0	0	0		Not estimable
Shinichi 2010	0	0	0	0	0	0		Not estimable
Neary 2004	0	0	0	0	0	0		Not estimable
Miki 2012	0	0	0	0	0	0		Not estimable
Hiura 2012	0	0	0	0	0	0		Not estimable
Garcia 2012	0	0	0	0	0	0		Not estimable
Ashby 2009	0	0	0	0	0	0		Not estimable
Total (95% CI)			0			0		Not estimable
Heterogeneity: Not applicable								
Test for overall effect: Not applicable								

图 18-23

1.1.4 森林图和漏斗图的绘制

1.1.4.1 在表中输入数据

操作见图 18-24。

Text of Review | 1.1 EI

Comparison: 1 Ghrelin versus Placebo, Outcome: 1.1 EI

Study or Subgroup	Ghrelin Mean	Ghrelin SD	Ghrelin Total	Placebo Mean	Placebo SD	Placebo Total	Weight	Std. Mean Difference IV, Fixed, 95% CI
Yamamoto 2010	753	54.8	7	549	45.2	7	2.6%	3.80 [1.84, 5.77]
Wynne 2005	630	55.6	9	570	42.6	9	9.8%	1.15 [0.14, 2.17]
Shinichi 2010	690	56.1	10	580	53.7	10	8.4%	1.92 [0.82, 3.02]
Neary 2004	640	62.8	30	497	55.9	30	22.7%	2.37 [1.70, 3.04]
Miki 2012	546	39.9	18	440	46.7	15	12.0%	2.40 [1.48, 3.32]
Hiura 2012	750	64.5	30	610	55.4	30	23.3%	2.30 [1.64, 2.96]
Garcia 2012	480	45.3	16	390	35.7	16	12.8%	2.15 [1.26, 3.04]
Ashby 2009	685	59.3	12	540	53.8	12	8.3%	2.47 [1.37, 3.58]
Total (95% CI)			132			129	100.0%	2.22 [1.90, 2.54]
Heterogeneity: Chi² = 7.62, df = 7 (P = 0.37); I² = 8%								
Test for overall effect: Z = 13.62 (P < 0.00001)								

图 18-24

1.1.4.2 绘制森林图

点击 -得到森林图，见图 18-25。

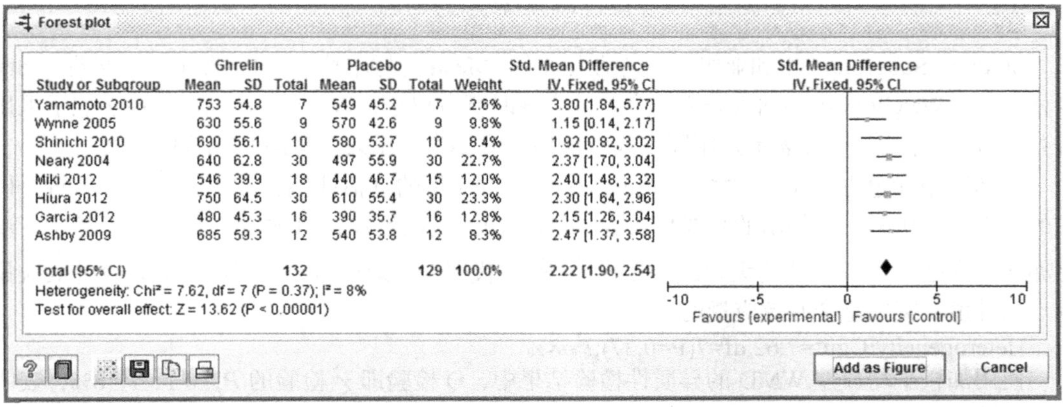

图 18-25

1.1.4.3 绘制漏斗图

点击得到漏斗图，见图 18-26。

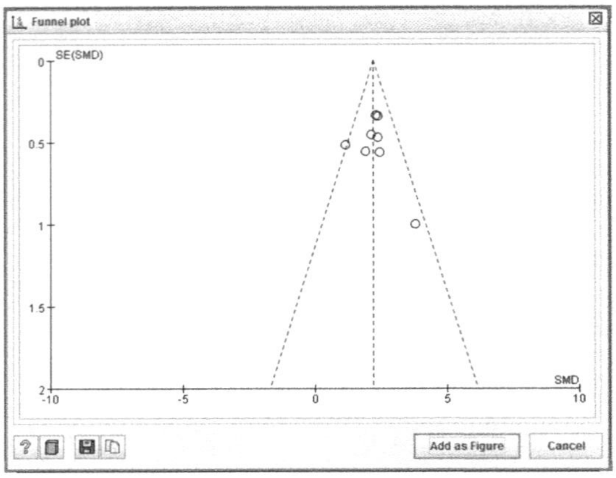

图 18-26

1.1.4.4 调整图像

点击。

1.1.5 森林图和漏斗图的解读

森林图解读见图 18-27。

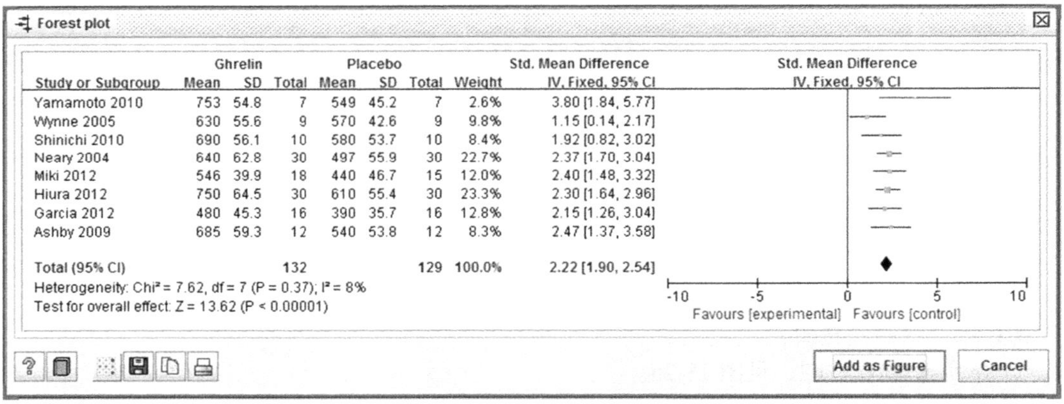

Study or Subgroup	Ghrelin Mean	Ghrelin SD	Ghrelin Total	Placebo Mean	Placebo SD	Placebo Total	Weight	Std. Mean Difference IV, Fixed, 95% CI
Yamamoto 2010	753	54.8	7	549	45.2	7	2.6%	3.80 [1.84, 5.77]
Wynne 2005	630	55.6	9	570	42.6	9	9.8%	1.15 [0.14, 2.17]
Shinichi 2010	690	56.1	10	580	53.7	10	8.4%	1.92 [0.82, 3.02]
Neary 2004	640	62.8	30	497	55.9	30	22.7%	2.37 [1.70, 3.04]
Miki 2012	546	39.9	18	440	46.7	15	12.0%	2.40 [1.48, 3.32]
Hiura 2012	750	64.5	30	610	55.4	30	23.3%	2.30 [1.64, 2.96]
Garcia 2012	480	45.3	16	390	35.7	16	12.8%	2.15 [1.26, 3.04]
Ashby 2009	685	59.3	12	540	53.8	12	8.3%	2.47 [1.37, 3.58]
Total (95% CI)			132			129	100.0%	2.22 [1.90, 2.54]

Heterogeneity: Chi² = 7.62, df = 7 (P = 0.37); I² = 8%
Test for overall effect: Z = 13.62 (P < 0.00001)

图 18-27

Study or Subgroup（组和亚组）下是纳入研究，Mean 为样本均数，SD 为样本标准差，Total 为样本量，Weight 表示各纳入研究在合并效应量时所占权重，IV（Inverse Variance）表示采用方差倒数加权法，Fixed 表示采用固定效应模型，95%CI 表示效应量的 95%置信区间。

森林图中绿色方块（ ）表示每个研究效应量的点估计值，方块的大小表示每个研究的权重，方块两边延伸出的直线代表效应量的 CI，线段越长，CI 越宽，结果越不精确，反之亦然，穿越 0 的垂直线为无效线；菱形（ ◆ ）代表合并效应量，菱形的重心是合并效应量的点估计计值，宽则是合并效应量的 CI。

Heterogeneity:Cgu^2=7.62,df=7(P=0.37);I^2=8%

使用加权平均数差 WMD 的异质性检验结果中，Q 检验即 χ^2 检验的 $P>0.1$，I^2=8%，表明无异质性。

漏斗图（图 18-28）的横坐标为原研究的效应量，纵坐标为原研究的标准误或精确度（标准误的倒数）或样本量。样本量越小，分布越分散，样本量越大，分布越集中。若没有发表偏移，呈对称的漏斗状，相反，图形不对称有偏向，表示存在偏倚。

本例中漏斗图基本对称，提示无发表偏倚。

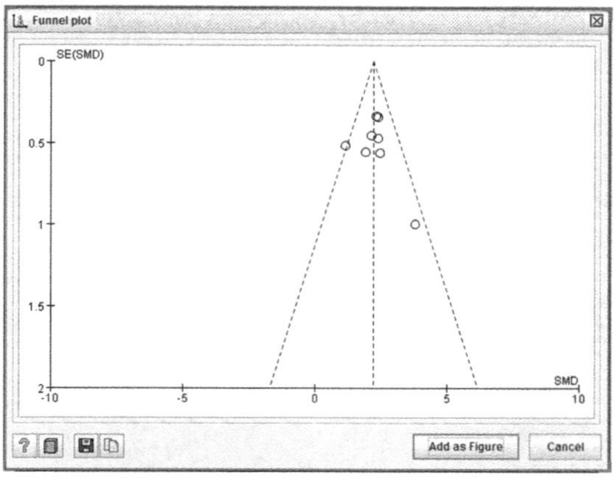

图 18-28

1.2　二分类数据的 Meta 分析

某研究为了解吸烟与肝细胞癌（HCC）的关系，利用 Peto 法对 5 个病例-对照研究资料进行 Meta 分析，提取研究数据结果如表 18-1 所示。

表 18-1　吸烟与 HCC 关系 5 个病例-对照研究的 Meta 分析

研究	吸烟		不吸烟	
	病例组	总人数	病例组	总人数
1	85	802	52	406
2	102	823	110	769
3	30	317	35	350
4	44	706	64	771
5	49	603	67	450

1.2.1　创建一个新的研究

创建一个新的研究同前例。

1.2.2　添加纳入研究

添加纳入研究同前例。

1.1.3　添加比较和结局

步骤中添加比较、输入比较名称、添加结局均同前例。

1.2.3.1　选择数据类型

数据类型包括 Dichotomous（二分类变量）、Continuous（连续型变量）、O-E and Variance（期望方差法）、Genetic Inverse Variance（一般倒方差法）和 Other Data（其他数据类型）。这里我们选择 Dichotomous（二分类变量）—点击 Next（下一步），见图 18-29。

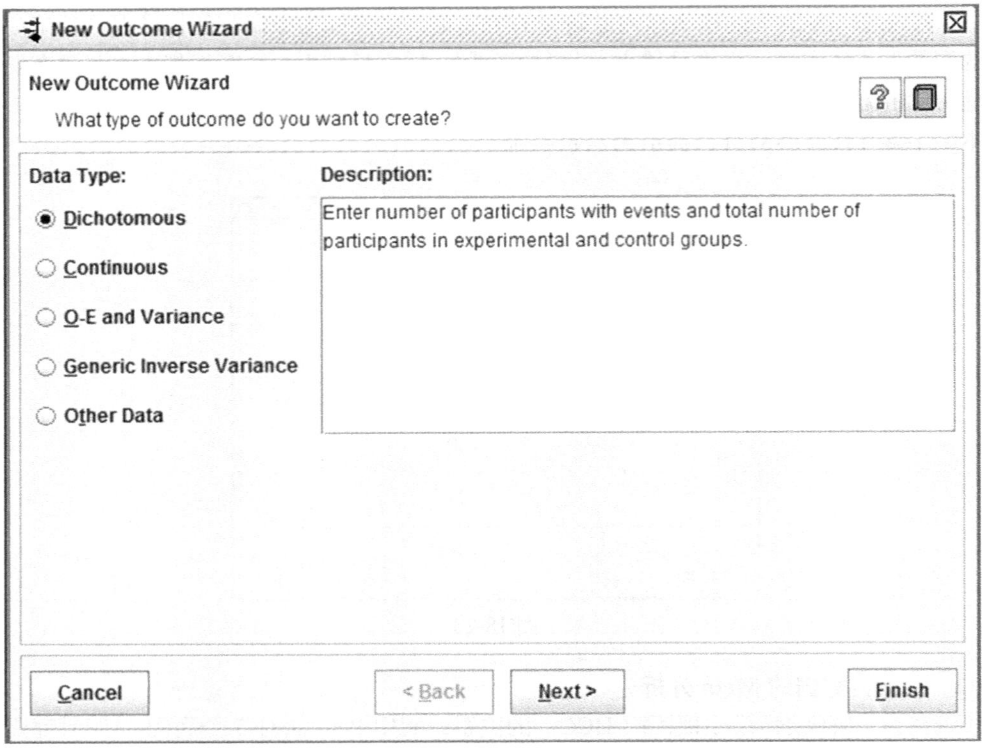

图 18-29

1.2.3.2 输入结局名称

在 Name 对话框中输入“HCI”，Group Label 1 中输入“smoking”，Group Label 2 中输入“non-smoking”一点击 Next（下一步），见图 18-30。

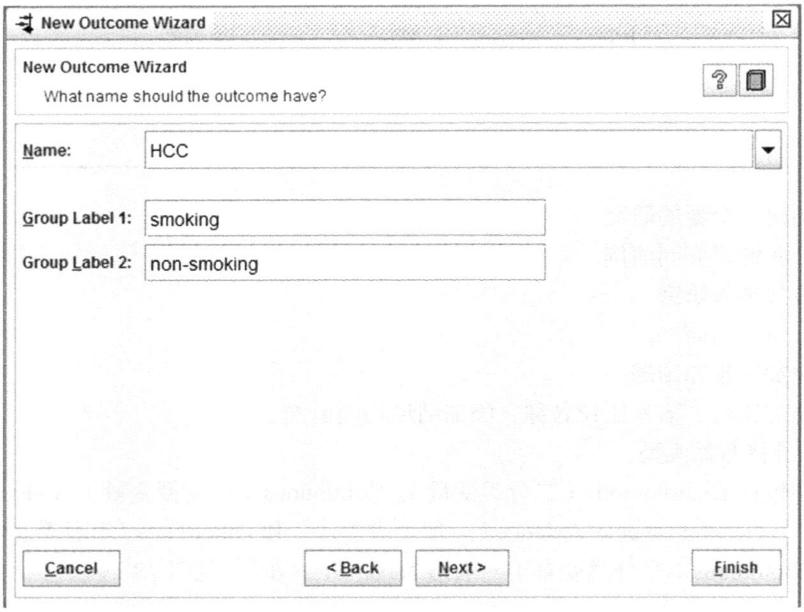

图 18-30

1.2.3.3　选择分析方法

接受默认选项—点击（Next），见图 18-31。

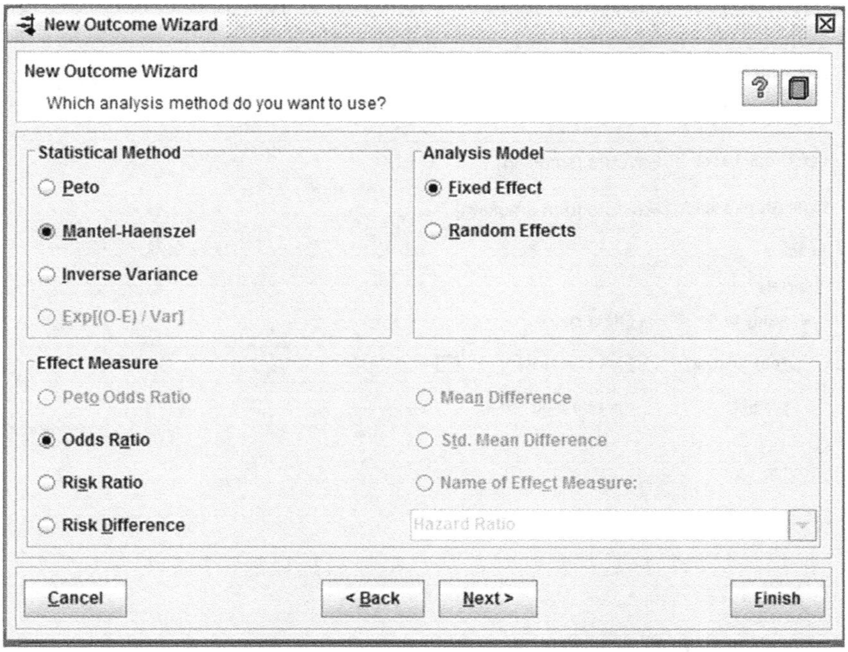

图 18-31

1.2.3.4　选择是否进行亚组分析、可信区间范围

接受默认选项—点击（Next），见图 18-32。

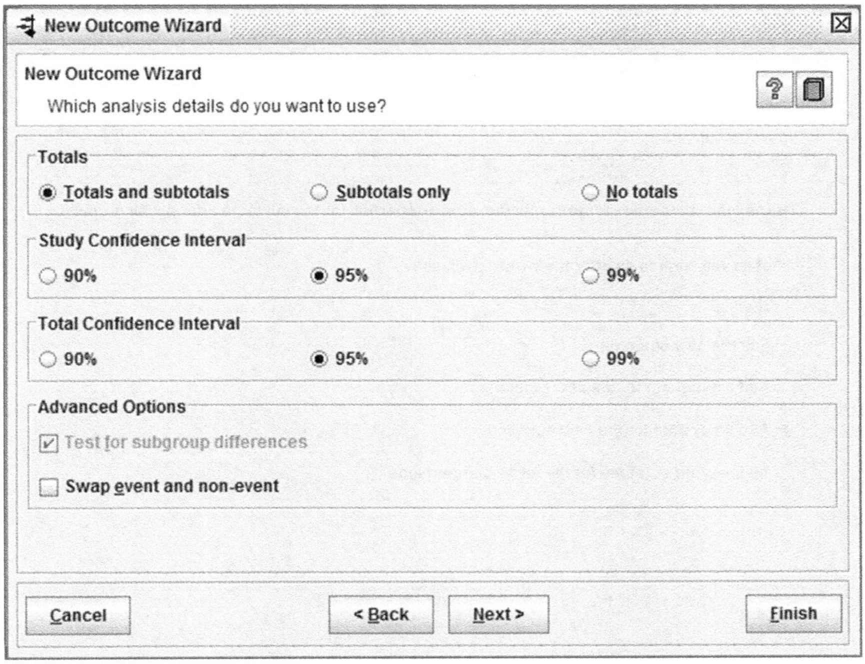

图 18-32

1.2.3.5 图片细节描述

点击（Next），见图 18-33。

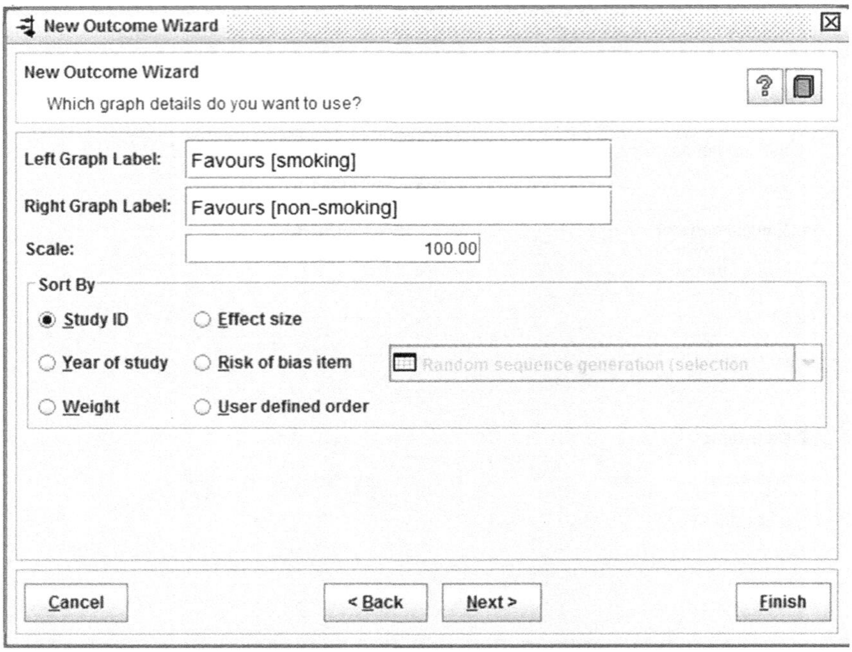

图 18-33

1.2.3.6 为结局添加相关研究

选择 Add study data for new outcome（为该结局添加研究数据）—点击 Continue，见图 18-34。

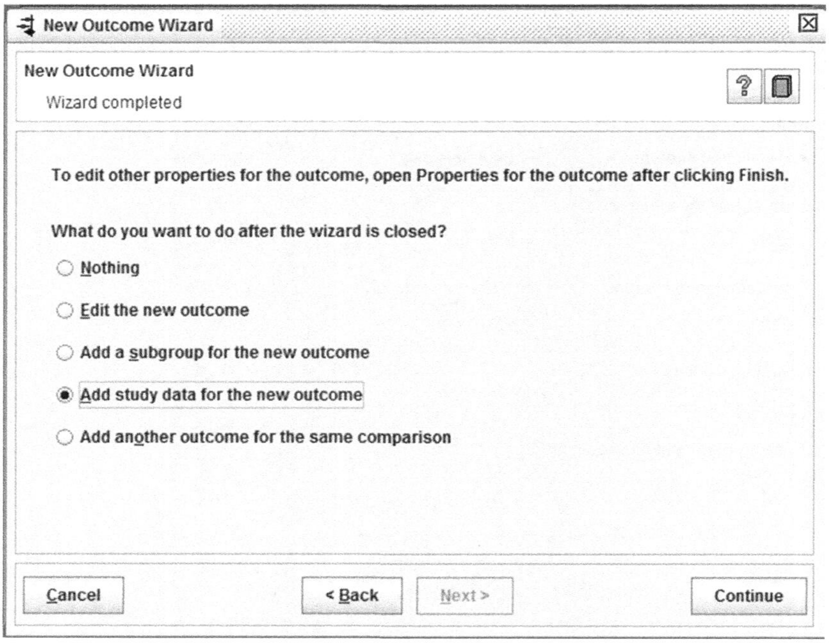

图 18-34

1.2.3.7　选择纳入研究

选择 5 篇文献—点击 Finish（完成），见图 18-35、图 18-36。

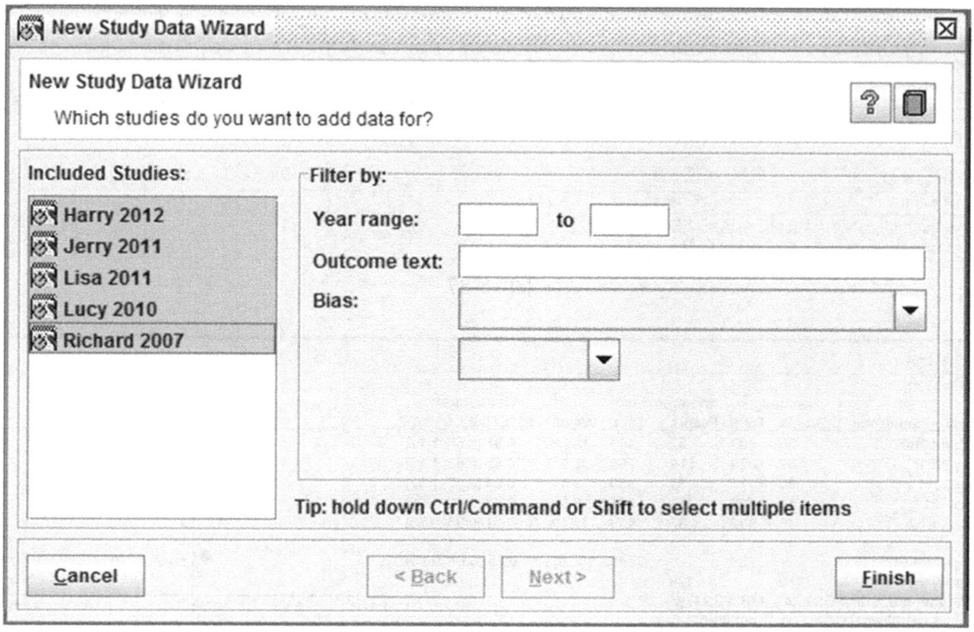

图 18-35

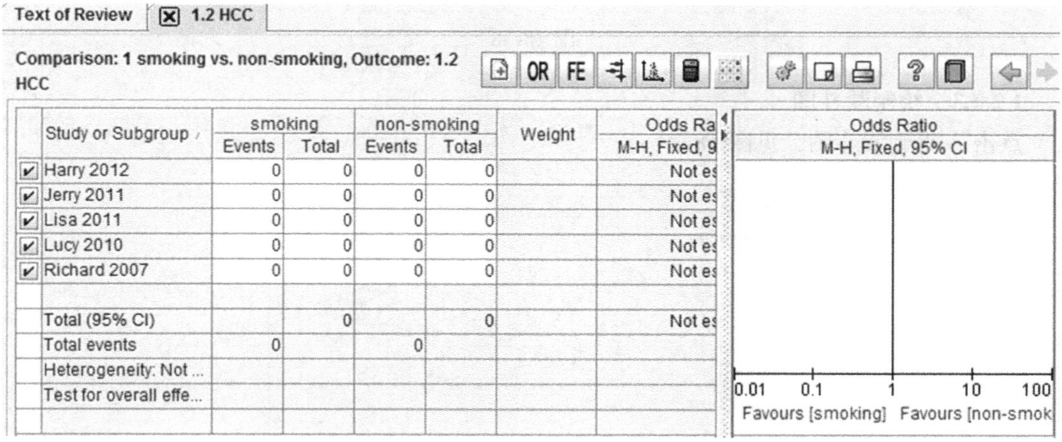

图 18-36

1.2.4　森林图和漏斗图的绘制

1.2.4.1　在表中输入数据

操作见图 18-37。

1.2.4.2　绘制森林图

点击 -得到森林图，见图 18-38。

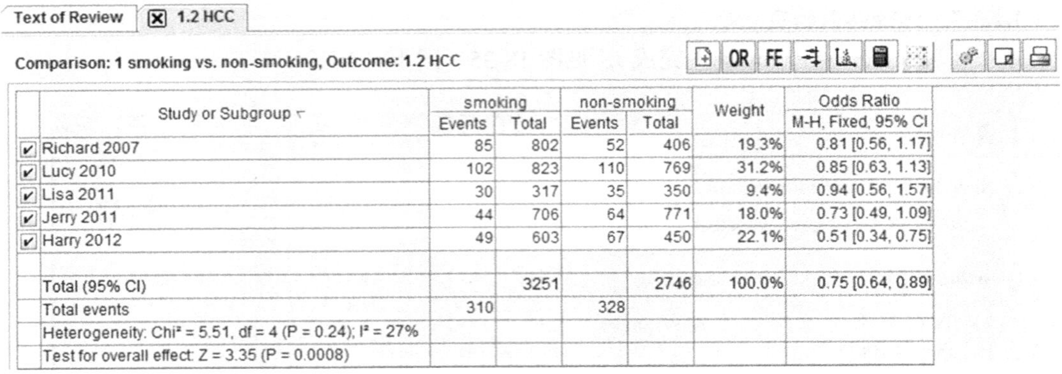

Study or Subgroup	smoking Events	smoking Total	non-smoking Events	non-smoking Total	Weight	Odds Ratio M-H, Fixed, 95% CI
Richard 2007	85	802	52	406	19.3%	0.81 [0.56, 1.17]
Lucy 2010	102	823	110	769	31.2%	0.85 [0.63, 1.13]
Lisa 2011	30	317	35	350	9.4%	0.94 [0.56, 1.57]
Jerry 2011	44	706	64	771	18.0%	0.73 [0.49, 1.09]
Harry 2012	49	603	67	450	22.1%	0.51 [0.34, 0.75]
Total (95% CI)		3251		2746	100.0%	0.75 [0.64, 0.89]
Total events	310		328			
Heterogeneity: Chi² = 5.51, df = 4 (P = 0.24); I² = 27%						
Test for overall effect: Z = 3.35 (P = 0.0008)						

图 18-37

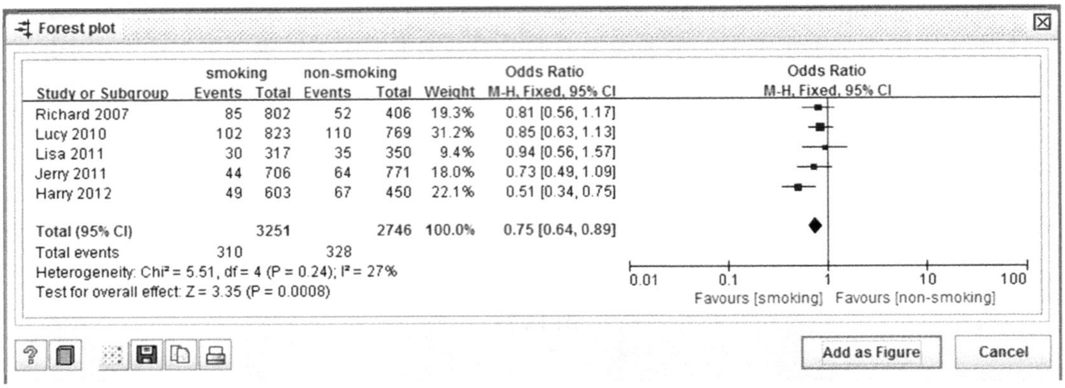

图 18-38

1.2.4.3 绘制漏斗图

点击得到漏斗图，见图 18-39。

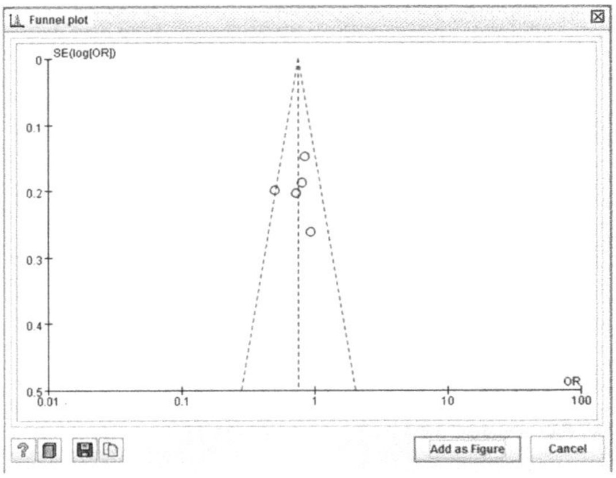

图 18-39

1.2.4.4 调整图像

点击。

1.2.5 森林图和漏斗图的解读

Study or Subgroup（组和亚组）下是纳入研究，Even 为病例数，Total 为样本总数，Weight

表示各纳入研究在合并效应量时所占权重，M-H 法（Mantel-Haenszel 法）表示采用 M-H 法分配权重，Fixed 表示采用固定效应模型，95%CI 表示效应量的 95%置信区间。

森林图中绿色方块（ —▪— ）表示每个研究效应量的点估计值，方块的大小表示每个研究的权重，方块两边延伸出的直线代表效应量的 CT，线段越长，CT 越宽，结果越不精确，反之亦然，穿越 0 的垂直线为无效线；菱形（ ◆ ）代表合并效应量，菱形的重心是合并效应量的点估计值，宽则是合并效应量的 CT。

Heterogeneity: Chi² = 5.51, df = 4 (P = 0.24); I² = 27%
Test for overall effect: Z = 3.35 (P = 0.0008)

使用 M-H 法的异质性检验结果中，Q 检验即 χ^2 检验的 $P>0.1$，可使用固定效应模型，I^2=27%，表明无异质性。总体的 95%CT 范围未包括 1，具有统计学意义。

漏斗图的横坐标为原研究的效应量，纵坐标为原研究的标准误或精确度（标准误的倒数）或样本量。样本量越小，分布越分散，样本量越大，分布越集中。若没有发表偏倚，呈对称的漏斗状，相反，图形不对称有偏向，表示存在偏倚。

本例中漏斗图基本对称，提示无发表偏倚。

练　习　题

1. 某研究拟就饮酒和肝癌关系进行一个 Meta 分析，共纳入 5 个病例对照研究，资料见表 18-2。请使用 review manager 5.1 软件录入数据并进行异质性检验，说明应该选择哪种模型进行 meta 分析？如果能够进行定量的统计分析，请制作森林图和漏斗图，并对结果做出解释。

表 18-2　饮酒和肝癌关系的病例对照研究结果

研究编号	饮酒		不饮酒	
	病例组	对照组	病例组	对照组
1	31	2	325	126
2	20	3	72	208
3	31	3	79	50
4	62	10	60	30
5	55	12	47	18

2. 某研究拟针对某降脂药评价其疗效进行系统评价，共纳入 4 项 RCT 实验结果，资料见表 18-3。请使用 Rev Man5.1 软件录入数据并进行异质性检验，说明应该选择哪种模型进行 Meta 分析？如果能够进行定量的统计分析，请制作森林图和漏斗图，并对结果进行解释。

表 18-3　某降脂药疗效评价 RCT 研究结果

研究编号	治疗组			对照组		
	n_1	X_1	S_1	n_2	X_2	S_2
1	14	5.0	4.6	13	6.5	3.8
2	30	4.9	2.9	48	6.1	2.5
3	38	23.1	3.3	29	24.8	10.4
4	59	12.6	2.7	47	13.5	3.8

（张　玲）

参考文献

白红，吉云丽，杨露琼，等. 2006. 某院呼吸科铜绿假单胞菌医院感染暴发调查[J]. 中国感染控制杂志，5（2）：141-142.
段广才. 2000. 流行病学实习指导. 北京：人民卫生出版社.
段广才. 2007. 流行病学实习教程. 北京：人民卫生出版社.
何广彪，何紫电，杨春. 1996. 一宗因输用血浆引起的丙型肝炎爆发流行的调查报告[J]. 华南预防医学，22（4）：23-24.
轰志华，陈安洛，戴启瓷，等. 1992. 接触滑石粉尘的陶瓷工人死因随访调查[J]. 工业卫生与职业病，18（4）：218-221.
胡家瑜，陶黎纳，沈洁，等. 2002. 上海市 1990-2006 年风疹流行病学特征分析[J]. 中华流行病学杂志，28（7）：645-648.
黄洁，许奕华，向浩，等. 2008. 湖北省三峡坝区高血压的社区干预试验效果评价[J]. 中华疾病控制杂志，12（6）：580-583.
雷红霞，钟纪荣，刘全亮，等. 2012. 甘肃省武山县适龄儿童扩大免疫规划实施效果评价. 首都公共卫生，6（3）：113-117.
李成华，谭徽，张群力，等. 2005. 湖南省安仁县年流行性乙型脑炎流行特征的研究[J]. 实用预防医学，12（2）：293-295.
李立明. 2010. 流行病学. 7 版. 北京：人民卫生出版社.
李艳萍，李荣成，陈江婷，等. 2005. 流行性感冒裂解疫苗安尔来福 TM 的安全性和免疫原性研究. 中国计划免疫，11（5）：343-347.
李永红，林玫，梁大斌，等. 2009. 广西 1998—2007 年细菌性痢疾流行病学分析[J]. 中国热带医学，9（2）：318-319.
邵晓萍，罗耀星，雷仁宇，等. 2005. 广东省 2003 年儿童计划免疫接种率调查. 华南预防医学，31（1）：32-34.
石海兰. 2002. 1990-1999 年山西省法定报告传染病流行特征分析[D]. 中国知网硕士论文：38.
时曼丽，胡永升. 2000. 乳腺癌普查人群年龄分布情况调查分析[J]. 中国肿瘤，9（6）：266.
万琦兵，杨惠琴. 2012. 白芍总苷治疗类风湿关节炎 31 例[J]. 安徽中医学院学报，31（6）：25-26.
王斌，王淳秀，卫大英，等. 2010. 四川彝族人群原发性高血压移民流行病学调查[J]. 中国公共卫生，26（4）：472-473.
王蕊，赵云. 1995. 新生儿志贺氏痢疾杆菌 C 群 13 型暴发的分析[J]. 中华医院感染学杂志，5（2）：83-84.
文美月，张淑琨. 2005. 辅食添加现场干预对婴儿营养状况的影响[J]. 中国初级卫生保健，19（10）：82-83.
萧志成. 1986. 流行病学进展. 第 4 卷. 北京：人民卫生出版社：40.
眼科刊编辑部. 2006. 坚决杜绝白内障手术医源性群发感染事件的发生——对“安徽宿州眼球事件”的讨论[J]. 眼科，15（1）：Ⅰ-Ⅳ.
叶冬青. 2002. 流行病学实习指导. 合肥：中国科学技术大学出版社.
叶冬青. 2005. 流行病学实习指导. 合肥：中国科学技术大学出版社.
郁旷明，王双英，陈浩. 2015. 一起诺如病毒医院感染事件调查与控制[J]. 中国消毒学杂志，32（12）：1220-1222，1225.
张梅，王丽敏. 2016. 我国慢性非传染性疾病流行状况及防控[J]. 中国医学前沿杂志，8（12）：1-2.
赵秀艳. 2007. 福州市出生缺陷的流行病学研究[D]. 中国知网硕士论文，1：13-15.
中华人民共和国国家卫生和计划生育委员会. 2015. 中国居民营养与慢性病状况报告（2015 年）. 北京：人民卫生出版社.
中华人民共和国卫生部. 2012. 消毒规范.